特攻少女と1825日

比嘉健二

小学館

特攻服少女と１８２５日

目次

装丁・装画　城井文平

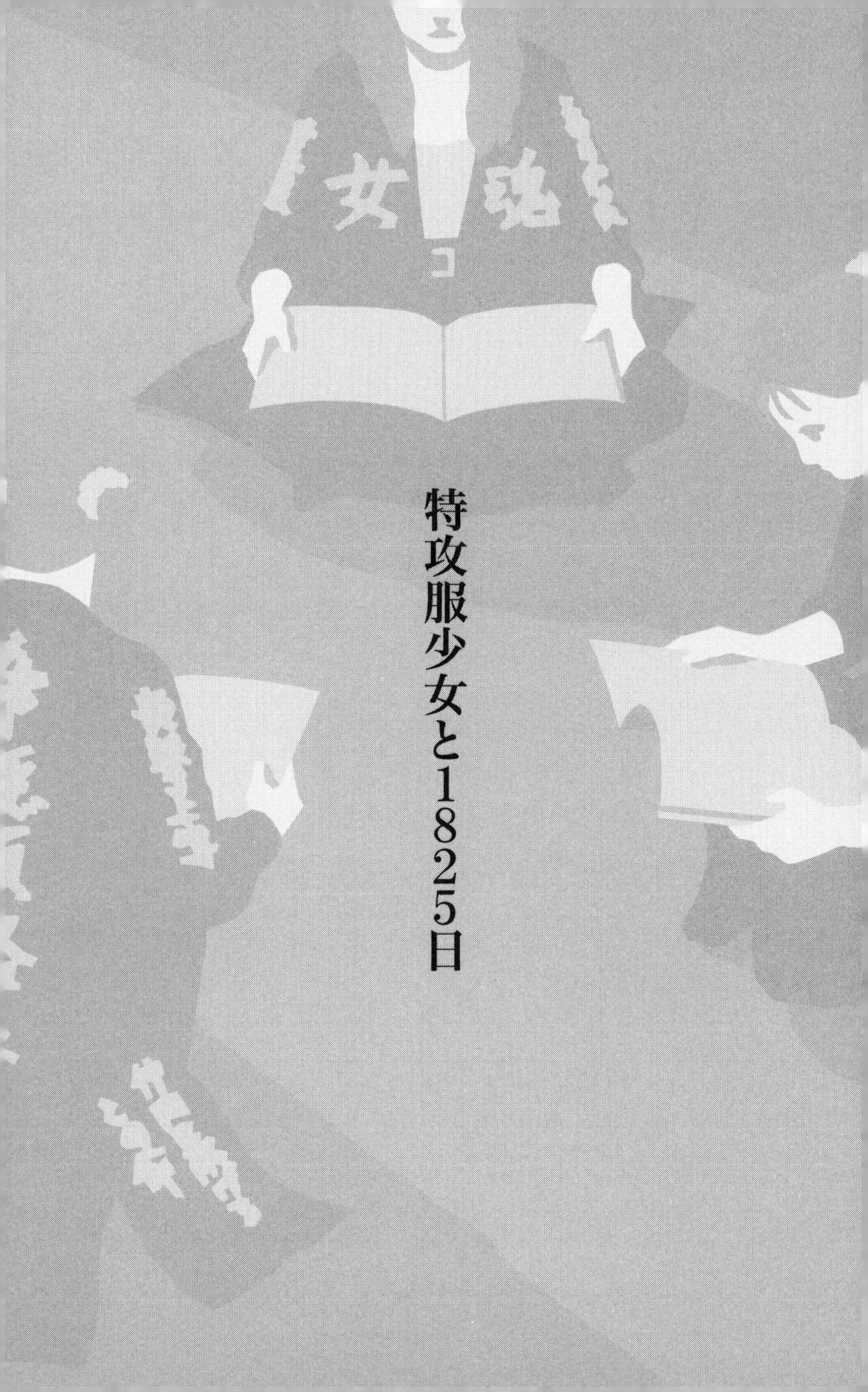

特攻服少女と1825日

プロローグ

その記事を数行読んだだけで心臓の鼓動が激しくなってくるのを感じ、途中から漠然と字面だけを追っていた。結末を知るのが怖かったのだ。

１９９４年５月２日、朝日新聞の朝刊を珍しく駅の売店で買ってきた。新聞は幼い頃からの習慣で目を通すことはあったが、この頃はすっかりそれも薄れていた。

記憶は定かではないが、多分、当時よっぽど気になった出来事でもあったのだろう。それ以外に、わざわざ朝日新聞を買う理由はまずなかったからだ。

買った新聞を気まぐれにパラパラとめくっていると、教育面に掲載された「不良少女たち」というタイトルの大きな特集記事がパッと目に飛び込んできた。

《友だち失い女暴走族ぬけた　平凡な暮らし、それが一番》

見出しを目にしただけで、自分の脳裏の奥深くに刻まれているある一人の少女の笑顔が浮かんできて、言いようのない嫌な予感がした。
《小学6年で髪染め、たばこ　中学でシンナー、「族」入り　ツッパリは楽しかったが少年院出ると仲間がリンチ》
こんなリード文から始まった記事は、かつて「女暴走族で『アタマ』を張っていた」18歳の女性がインタビュー形式で当時のことを語り、「平凡な暮らしっていうやつ。それがいちばん」と振り返るという内容だった。
《少年院にいる間に暴走族リーダーの地位を奪われ、出所祝いもないまま出てきた少女を、かつてのメンバーによるリンチが待ち受けていた》
記事の途中にはそう書かれていた。
間違いない。あの少女のことだ。この記事を目にした時、『ティーンズロード』（1989年創刊　発行ミリオン出版　発売大洋図書）の編集長を降りてから1年近く経っていた。別の雑誌を立ち上げていて日々追われるような時期で『ティーンズロード』のこともその少女のことも次第に記憶から消えかかっていたが、その瞬間、一気に時が戻された。
まさかあの少女の人生をこんなに狂わせてしまっていたとは。この時初めて『ティーンズロード』なんて作らなければよかったと悔やみ、同時に自分を責めることしかできないもどかしさも感じた。

直接会って謝りたいとも思ったが、少女の連絡先はもうメモ帳から消えていた。今と違いスマホがなく、個人のメールアドレスを持っている時代でもないので、疎遠になってしまった人間とコンタクトを取ることは容易ではなかった。

少女が総長の座を追われ、破門されたところまでは自分も把握していた。自分がまだ編集長だった『ティーンズロード』の1993年3月号に、少女が総長だったチームの〝引退式〟を取材した記事を掲載したからだ。少女の地元で、彼女たちの代である4代目のメンバーの引退式があり、それを取材して欲しいと、あるメンバーから依頼があったのだ。

しかしその電話を受けた時、少し違和感を覚えた。4代目なら総長は『ティーンズロード』誌上で圧倒的に読者人気の高かったあの少女であり、何回も顔を合わせていたので知らない間柄ではない。仮に引退式があるなら依頼は直接本人から連絡してくるはずだ。電話をかけてきたメンバーはこちらの戸惑いを察したのか、「わけあって破門したの。だから当日は来ないよ。うちらだけで引退式はやるから、必ず来てね」と言って電話を切った。

破門――なぜ？　あのレディースを全国的に有名にし、県内の勢力拡大に貢献した立役者ではないか？　また、いくら他のメンバーからの依頼とはいえ、あの少女抜きの引退式を取材していいものか。一瞬葛藤《かっとう》したが、結論はすぐに出た。依頼を受けてみることだった。単純に破門された理由を知りたかったという個人的な興味もあったが、それより「4代目総長破門」という記事は読者にもインパクトを与えて、相当な反響を呼ぶだろう。依頼を受けた動機としては少女の身を案じる気持ちよりも、とにかく読者にウケればいいという編集者にありがちな小賢しい計算が勝ったのだ。

ところがその記事は奇妙な誌面となってしまった。あれだけ知名度の高いレディースならば引退式は通常、夏祭りの会場や大きな公園で派手に執り行われるケースが多いが、4代目の引退式は地元の小さなカラオケボックスでごくささやかに行われた。引退していく4代目の6人と後輩たち、近隣の友好チームの数名が参加していたが、のっけから引退するメンバーたちは感極まって泣きじゃくり、肝心の少女の破門については一様に言葉を濁す。

「いろいろあったんで、このチームは、いろいろと……」と、あとは号泣するばかりだった。

結局、破門の原因が全くわからないまま、不完全燃焼で終わってしまった。事実は、その少女がこの場にいなかったということだけだった。

だから当然、朝日新聞の記事を読むまで破門の事実以外、メンバーによるリンチがあったことなど、全く知らなかったのだ。

第1章

破門された4代目総長

編集者としての〝最後の賭け〟

その少女・すえこと初めて出会った時の光景は今でも鮮明に覚えている。1989年の秋、場所は埼玉県東松山市の小さな公園で、全員紫のニッカにさらしを巻いた「紫優嬢《しゆうじょう》」というレディースチームの取材をした時だった。自分にとってこの日の取材は『ティーンズロード』が存続できるか廃刊になるかの命運を賭けたものでもあったのだ。

ミリオン出版が発行する『ティーンズロード』は1989年の春に1号目が刊行され（当時は『ホリディCOMIC』というエロ劇画誌の増刊号だった）、「紫優嬢」を取材したこの時点で4号目まで発売されていたが、売れ行きが悪く上層部の間では廃刊の声も出始めていた。自分が出版業界で生きていけるのだろうかと自信がかなり揺らいできていた時期でもあった。

そんな自分がミリオン出版に入社したのは、1982年の年明けだった。前年まで勤めていた経済系の出版社が入社1年も経たずに廃業してしまったのだ。その会社は企業の最新ニュースなどを記事にした経済雑誌を発刊していたが、実情は企業から広告費を引っ張ることで成り立っていた総会屋系出版社とほぼ同じ経営形態だった。ところが１９８１年に改正商法特例法が公布され、企業に巣食うこういった経済誌は企業から賛助金を取れなくなり、廃業する羽目になってしまったのだ。

年末近くに突然無職になったが、昔から憧れの職業だった編集者以外の仕事は考えられなかった。ただ、それまでの経験から、たとえ大手出版社とはほど遠くても体裁や見栄にこだわらなければとりあえず編集者という職を得られることは理解していた。就職活動を再スタートしようと、気持ちを入れ替え始めていた時に、朝日新聞の求人欄に小さく「経験不問、年齢不問、編集者募集　ミリオン出版」の文字を見つけた。

聞いたことのあるようなないようなぼんやりした印象の出版社だったが、とにかく履歴書を郵送した。数日後、面接したいと連絡があった。求人に具体的な出版物のタイトルが書かれていなかったのが気にはなったが、選り好みできるような立場ではない。これがラストチャンスという気構えで面接に臨んだ。

市ヶ谷の自衛隊前（今は防衛省）の古ぼけたビルのワンフロアにミリオン出版はあった。面接は決して広くはない打ち合わせルームで行われた。どこかインテリジェントな雰囲気をただよわせた細身の30代ぐらいの男性と、髭を生やした年齢不詳の、一見して癖のありそうな男性の二人が面接官だった。主に細身の男性が一通りの基本的な質問を聞いてきた後、「ところで、今回の募集はこういった雑誌なんだけど、こういうのでもやれそうかな?」とテーブルの下から遠慮気味に分厚い雑誌を数冊取り出して、目の前に置いた。『S&Mスナイパー』に『別冊S&Mスナイパー』だった。

もちろん男だからこういう世界があることぐらいは知ってはいたが、実際の雑誌を見るのは初めてだった。エロ本は「ビニ本」(ビニールに包装された当時としてはかなり過激なエロ本で、通常買えるエロ本とは格段にきわどさが違っており、主に神保町の成人向け専門書店で売られていた)全盛期だったので、数冊買った経験はあったが、それ以外の通常買えるようなエロ本は案外手にしたことはなかった。そこまでハードなものを買わなくても当時は男性雑誌華やかなりし頃で、『平凡パンチ』『週刊プレイボーイ』『GORO』といったメジャー系の買いやすい男性雑誌でも十分にエロを楽しめたのだ。

だから当然、SM雑誌はこの面接の場で初めて触れたことになる。手にとって数ページパラパラめくってみた。面接官の二人は心なしか不安そうな顔をしていた。おそらく雑誌を見て速攻で断られた経験もあるのだろう。

パッと見た印象は「写真がエロい割には全体的に小説や読み物が多い」というもの。嫌悪感よりも案外、知的で奥深い世界なのかもしれないと思った。と同時に総会屋系の雑誌よりはこっちのほうがまだましだとも思った。

「面白そうですね、こういう縛られてる女性はどこから集めるんですか？」

雑誌を見ても平気な顔で食いついてきたので、面接官は少し安心したように「専門のプロダクションがあったり、ま、いろいろ調達できるんですよ」と答えた。

「自分、こういう仕事できそうな女性、何人も知ってますよ」

後で知ったがこの回答が採用の決め手だったようで、反対に言えばこれがなければ不採用だったらしい。〝何人も〟はかなりハッタリだったが、当時「ディスコ」で知り合った遊び仲間の女性で数人ヌードモデルをやれそうな顔が勝手に浮かんでいた。自分のような何の取り柄もない人間が扉を開けるには、正直な受け答えだけでは跳ね返されてしまうと思ったのだ。なんとか採用はされ、面接で手にした『別冊Ｓ＆Ｍスナイパー』（のちに『ＳＭスピリッツ』として独立創刊コードを取得）編集部に配属された。入社後わかったのだが、あの遠慮がちにＳＭ雑誌をテーブルの上に置いたインテリ風の男性が当時のミリオン出版の平田明社長だった。

ほとんど編集未経験だったが、基本的なスキルを身につけた後は撮影の演出や段取りなど、すんなりとこなせるようになった。任されるページが次第に増えると、本誌の『Ｓ＆Ｍスナイパー』よりも少なかった雑誌の部数も次第に増え、まずは順調な編集者キャリアのスタートを切った。さらに入社して1年も経たないうちに2代目編集長にも抜擢《ばってき》されたことで、それなりにこの業界でもやっていける自信もついてきた。しかしこれ以降、編集者人生は大きく躓《つまず》く。

ＳＭ雑誌の編集長としてそれなりに順風満帆だったミリオン出版に入社して3年目の1985年1月、会社の人事異動で美少女アダルトグラビア誌『福娘』の副編集長として配属されるが、3号で廃刊。当時エロ本業界では〝記録的惨敗〟と物笑いの種にされた。ところが社はこれにめげず再び似たようなコンセプトで『ＵＲＥＣＣＯ《ウレッコ》』を創刊。2代目編集長になるがこれも惨敗。しかも自分の後釜に抜擢された中川淏一は『ＵＲＥＣＣＯ』をミリオン出版初の10万部雑誌にまで売れ行きを伸ばす。かつての部下にも軽く追い抜かれ、社内での立場も厳しいものに追い込まれていった。ちなみに中川は後に「コギャル」をコンセプトにしたストリート雑誌『ｅｇｇ《エッグ》』の創刊を大成功させ、ミリオン出版史上最大のヒット編集者になる。

肝心の自分はこれ以降も懲《こ》りずに次から次へとアダルト系の企画を打ち出しては惨敗。2、3冊売れないだけで社を去っていく諸先輩を知っていただけに、この業界は自分が来るべき場所ではなかったのだろうかと転職すら頭をよぎった時期だった。入社当時は根拠のない自信で「俺が出版界を変える」とまで意気込んでいただけに、その反動も大きかったのだ。『ティーンズロード』はそんな自分が、編集者としての最後の賭けとして社内に提案した企画だった。

「どうせまた失敗だろ、エロ本一つ売れさせられないくせに」

実際に社内の誰からもそんなことを言われたわけではなかったが、言葉にしないだけでみんなそう思っているに違いないと勝手に思い込み、次第に心が卑屈にもなっていた。

ところが自分の予想に反してこの企画が社内で通った。一つの要因は、いわゆるヤンキー系の雑誌がすでに他社から数冊刊行されていて、どれもかなりの売り上げがあったことだった。『ヤングオート』(芸文社)、『チャンプロード』(笠倉出版社)、『ライダーコミック』(辰巳出版)など、すべてが10万部近い部数を叩き出していた。〝ヤンキー雑誌が10万部〟と聞くと、ここ数年の出版業界しか知らない世代は驚くと思うが、１９８０年代はエロ本一つ取ってもヤンキー系の雑誌よりもっと売れていて、中には30万部から50万部近くの部数を誇っていたものもあった。ファッション誌、大手週刊誌、漫画誌などは部数も桁外れで１００万部超えも珍しくはなかった。雑誌が世間の流行の最先端を歩いてカルチャーを作っていたと言っても決して過言ではない時代だったのだ。

当然『ティーンズロード』もこの流れに便乗したわけだが、男のヤンキー雑誌として成功していた他誌に対して、『ティーンズロード』は〝ヤンキー少女〟というジャンルを売り物にしたことが大きな違いだった。二番煎じにならないために独自性を打ち出す必要があったという事情もあるが、このコンセプトの方が絶対に売れると信じていたことが最も大きな理由だった。

しかし結果は全くついてこず、いよいよこの業界から足を洗う覚悟を迫られていた。そんな時、出会ったのがすえこだった。

紫のニッカにさらしを巻いた救世主

4号目までの数字が悪く、すでに編集作業に入っている5号が事実上の最終号になる可能性が高かった。当時のスタッフだった倉科典仁《くらしなのりひと》（現・大洋図書社員）とF（数年前に惜しくも鬼籍に入ってしまった女性スタッフ）にそのことを伝えなければならない。雑誌が廃刊になれば当たり前だが、編集部で雇われたスタッフである彼らの人生をも巻き込むことになるのが辛いところだった。

ミリオン出版の隣のビルの2階に、いつもあまり混んでいないカフェがあった。嫌な話を伝えるにはちょうどいい静かな場所だったので、そこに来てもらうことにした。待ち合わせの時間より数分早く、二人は現れた。社内の雰囲気でなんとなく覚悟はしていたのだろう、二人の表情は幾分緊張感に包まれていた。

余計な世間話は端折《はしょ》って結論から話した。それはいち早くこの嫌な空間から解放されたいという気持ちがあったからだ。

「ま、なんとなく感じてはいたと思うけど、４号までの数字が悪くて、多分次に出す５号目で廃刊になると思う。俺は昔働いていた焼肉店に戻るつもりだけど、せっかく編集者の道が開けているんだから、二人はこのままミリオン出版に残った方がいいと思うよ」

しかし、二人の答えは同じだった。

「その時が本当に来たら考えます」

うろたえている自分と違い、腹をくくった実に落ち着いた回答だった。ただ、倉科は当時をこう振り返っている。

「編集者として経験もまだ浅かったし、『ティーンズロード』がなくなれば、自分の居場所はここしかないのにどうすればいいんだって不安で仕方がなかったですね」

あまりにも売れなかったショックでやけ気味に発した自分の言葉は、想像以上にスタッフを不安に陥れていたのだ。今振り返ると、自分も未熟だったのだろう。かなり無責任な発言だった。

無責任といえばもう一つ心苦しいこともあった。創刊当初、取材で出会った暴走族の少年が集会中に事故で亡くなってしまったことがあった。その仲間から深夜編集部に電話があり、「棺の中に『ティーンズロード』を入れていいですか？」と頼んできた。その時、「これは生半可な気持ちでこういう雑誌は作れない」と読者や取材対象者に対して強い責任を実感した。雑誌がなくなれば、スタッフだけでなく、雑誌を棺桶に入れてくれた彼らのことも裏切ることになってしまう。しかし現実は厳しかった。それでも5号目の編集作業は淡々と進めなければならない。編集部に戻り、いつものようにダンボール箱1箱は来ている読者投稿のハガキや封筒の整理を始めた。この投稿をチェックするだけで1日作業にもなってしまうが、この作業は売り上げが悪いという現実をしばし忘れさせてもくれた。投稿の数だけ見ると、売れていないことが信じられないぐらい、読者からの反応は熱かったのだ。

「こんなに毎日、投稿とか問い合わせの電話もあるのに、売れてないってどういうことなんですかね」

「読者から『エロ本のコーナーにあったので買いにくい、なんとかならないのか』って。置かれてる場所も、考えものじゃないですか」

二人の貴重な意見も、ハガキや手紙を事務的に眺めているとまるで他人事のようにも聞こえてくる。自信満々で立ち上げただけに売れていないという事実が素直に受け入れられず、

「多少の微調整をしたとしても結果は同じだろう」という自虐的で投げやりな気持ちが生まれ、スタッフの声を無意識に遮断していたのだ。

そんな時だった。かなり厚めの白い封筒が目に入った。封筒の裏には少女らしい小さな丸文字で埼玉県東松山市の住所と、チーム名なのか「紫優嬢」と書かれている。

中から数枚の手ふだサイズの紙焼き写真が出てきた。

よくミュージシャンが、良い曲のメロディーが浮かんだ時に「降りてきた」と表現するが、まさにその写真がそれだった。自分にも間違いなく「降りてきた」のだ。

紫の揃《そろ》いのニッカにさらしを巻いた少女の一団。センターで腕組みをしているリーダーらしき少女からは、中森明菜に似た、美少女でありながらヤンキー少女が持つ独特の危険だけど壊れやすい雰囲気がにじみ出ていた。直感で、これは間違いなく読者にウケると思った。この窮地から助けてくれる救世主に、ようやく巡り合えたのだ。彼女たちに『ティーンズロード』の命運を賭けてみよう。自分の中では、勝手に奇跡が起き始めていた。

「クラさ、このチーム、今までにないインパクトがあると思わない？　これ絶対、取材して表紙にすれば今度こそ売れるよ」

「そうすね、このリーダーの子、いいですね。ちょっと明菜っぽいのがいいですよね」

「だろ、いいだろう。このチームでダメならもう諦めよう、写真の裏に書かれていた数字は多分、彼女のポケベル（この時代の連絡手段。携帯電話が普及する前、ヤンキーたちはよくポケベルを使っていた）だと思う、ちょっと連絡して実際はどうなのか会って確かめよう。写真と実物が違うことはままあるからな」

　連絡はすぐに取れた。

「電話で話した感じでは結構普通でしたね。特に気合いが入ってるとか、生意気な感じはしなかったですよ」

　倉科の説明は、逆にいい方に考えられた。やたらと電話で威勢がいいのに限って、実物にはがっかりさせられたことが多々あったからだ。通常、取材の前に確認や打ち合わせのためだけに会いに行くということはしない。時間的な余裕もないうえに、レディースたちのほとんどは地方在住だということもある。ただ、今回は違う。雑誌の命運を託しているのだから、事前にやれることはすべてやっておきたかった。

　東松山は東武東上線で池袋から急行に乗れば小一時間で着く距離だったが、この時は編集部の車で向かった。ハンドルを握る倉科と二人、車内で5号目の表紙のイメージやページ構成のアイデアを出し合った。

「表紙はあのリーダーの少女を単独で撮影してみたいな、予算かかるけど都内のスタジオで」

「グラビアは全員整列させてちょっと俯瞰《ふかん》から撮りたいですね」

「そうだな、撮影場所にもよるけど、確かに俯瞰や下からあおって撮ると迫力出る気がするな」

編集部内と違い、車内で交わす会話からは案外いいアイデアが出ることが多い。どうしても編集部だとお互いに構えてしまうが、車内ではどこかリラックスしているからだろう。まだ撮影もしていないのに、すでにページができてしまったかのように盛り上がった。

関越道の東松山インターで降りると、東京近郊の埼玉とはいえここが地方都市であることを強く感じた。車窓からは低いながらも山並みが見える。国道から曲がって少し進むと東松山駅方面の信号が目に入った。待ち合わせの東松山駅は予想していたよりもインターから近く、都心から通勤圏内なので駅付近にはマンションや戸建ての家々が並んでいる。駅に近づくに従い、さっきまでの饒舌《じょうぜつ》な空気が一変し、お互いに口数が少なくなってきた。

取材に慣れてきたとはいえ、これから会う少女はレディースなのだから独特の緊張が走る。万が一何かのトラブルに巻き込まれないこともないのだ。

駅前は思ったよりも狭く、ブロック造りの駅舎が時代を感じさせたが、何より目を引くのはロータリーの入り口にある大きな赤い鳥居だった。駅前の階段では、どう見てもヤンキーの一団がかったるそうに地面にツバを吐き、こちらを一瞥《いちべつ》している。都内でこんな光景が見られたのは昭和50年代までだ。どこか懐かしい危険な少年たちが、ここにはまだ生き残っていたのだ。

待ち合わせの時間になると、駅前のロータリーにそれらしき車高の低い改造車が乗り付けてきた。「紫優嬢」のメンバーに違いない。地元の先輩が運転してきたようで、車から数人の少女が降りてきた。一人は間違いなく、写真で見たあのリーダーらしき少女だった。

「どうもティーンズロードです、A子さんですか？」

少女は満面の笑みで、「そうです、打ち合わせはあそこのケンタでいいですか？」と答えた。「ケンタッキーフライドチキン」はどうやら少女たちの溜まり場らしい。このやり取りを見て、路上にツバを吐いていたヤンキーたちもA子に挨拶をしに来た。

打ち合わせの内容は、取材当日どこで撮影するのか、当日は何人ぐらい集まれそうかといった基本的な段取りの確認、そしてくれぐれも原チャリで暴走しながら来ないでもらうことの確約だった。少女たちは笑顔で快諾してくれた。

しかし撮影当日、状況は一変する。

すえこの第一印象は「ソフトボール部の少女」

その少女の怒声は、公園内の静寂な空気を凍りつかせるには十分だった。乳母車を押す数人のお母さんたちは怒声の方をチラッと見て、そそくさと公園内から出ていった。

その声は自分に向けられていた。A子の前で直立不動のまま、もうどれくらい罵声を浴びせられているだろう。怒りの発端はA子たち先輩が撮影に少し遅れてきたことだった。チームリーダーであるA子の到着を待ってから撮影をスタートさせるのは当然の筋なのだが、待っている間に他のメンバーたちに少し飽きが来てしまったことを察して、先に撮影を始めることにした。

後輩たちを数人撮り始めた時だった。遅れて車で駆けつけたA子はこう怒鳴った。

「なんで私が来る前に撮影しているのよ！　待っているのが筋でしょうよ！」

A子の言い分はもちろん当たっているので、反論する気にもならなかったし、下手な言い訳はかえってこの少女の怒りを加速させてしまうだろう。ここは口出しするのはやめて、黙っていようと決めた。

当時の自分は30代半ばの、少女たちから見れば中年だ。その中年が娘みたいな少女に怒鳴られている。端から見れば相当奇異に映ったはずだ。しかし不思議なもので、懸命に怒っているA子を前に自分の脳は全く違うことを考え始めていた。

そういえば今日から野球の日本シリーズが始まったよな、好きな読売巨人軍は近鉄バファローズに勝っているのかな、原辰徳はヒットを打ったかな……。

撮影とまったく関係のないことが頭を駆け巡る。多分この場から解放されたいあまりに、脳が現実逃避を始めたのだろう。もう『ティーンズロード』の最後の賭けも、次第にどうでも良くなっていく自分がいた。懸命に怒鳴る少女の顔が視界から消えていったと同時に、ふと妙な可笑しさがこみ上げてきて、顔が緩むのをこらえるのに必死だった。

あれだけこの取材に賭けようと臨んだのにもかかわらず、絞り出すようにして出てきたのは撮影を中止する言葉だった。

「今日はすみませんでした、こっちの判断ミスでした。この取材はなかったことにしましょう。僕らはこれで帰ります」

これ以上余計なことを口にしてこの場をさらに混乱させるのは得策ではないと判断したこともあったが、結局自分には『ティーンズロード』を成功させる運がなかったんだと自分自身に言い聞かせた結果、そんな言葉が出てきたのだ。ところが同行したカメラマンに目配せして機材を片付けようとした時だった。A子の口から意外な言葉が飛び出した。

「私を撮ってくれないんですか?」

撮影は無事再開され、その後は円満な空気で取材が進んだ。

この現場にいたのが、メンバー最年少で当時13歳だったすえこだ。もちろんA子は存在感といいオーラといい、頭一つ抜きん出ていたが、それ以外ではすえこの印象がひときわ強く、正直他のメンバーはあまり記憶には残っていない。すえこはレディースという不良少女の集団と縁があるとはとても思えない、どこか牧歌的で小太りの健康的な少女にしか見えなかった。どうしてこの子がここにいるんだろう。撮影のメンバー合わせにソフトボール部の部員が臨時で無理やり参加させられた、そんな印象だった。カメラを構えても終始にこやかなのだ。これでは迫力ある写真にならないので、ヤンキー定番のうんこ座りをさせて、「このレンズを思いっきり睨《にら》んでよ」となんとかそれらしいカットを撮ったのだが、どうしてもいまひとつ似合わない。ただ、そんな容姿であってもどこか芯が通っているようなところが垣間見えた。それは最年少メンバーなのに、こちらの質問に臆することなく答える頭の回転の速さと、時たま見せる目力だった。

多くのレディースたちは「気合いではどこにも負けない」「うちら喧嘩上等だから」と判で押したような紋切り型の答えしか口にしないのに、すえこは違った。拙いながらもあくまでも自分が考えた言葉で、今置かれている状況を懸命に、必死で伝えようとしているのがわかった。

「先輩たちに迷惑がかからないように、できることは素早くやりこなします」

13歳の一番下っ端にしてはよくできたセリフだと思う。

この東松山「紫優嬢」が表紙になりグラビアを飾った5号目（1990年2月発行）は奇跡的にほぼ完売。『ティーンズロード』は生き残り、自分も編集者としてやっていける道が首の皮一枚つながった。

いつかは関東を制圧したい

次に再会した時、すえこは「紫優嬢」の4代目総長になっていた。初めての取材から2年経っていた。「疾《はし》る女たち」というレディース総長にロングインタビューする人気企画があり、その第8回目がすえこだった。あの13歳の初対面から2年でチームの頂点に君臨したことになる。インタビュー場所は地元・東松山にある母親が経営する小料理屋だった。すえこから取材場所を指定された時は、少なからず違和感を覚えた。過去7回のレディース総長のインタビューで母親の存在が出てきたことはなかった。母親もその場に居合わせるのだろうか？母親からしてみれば、レディース専門雑誌の人間なんてとんでもなく非常識な世界に生きている輩《やから》としか思わないだろう。自分たちを歓迎するわけがない。「うちの娘をたぶらかして！」と罵倒されても仕方がない。

その小料理屋は閑静な住宅街にあり、こぢんまりした佇まいの店で、場所柄、地元の常連客に支えられているようだった。遠慮気味に戸を開けると、すえこは笑顔で迎えてくれた。その後ろで仕込みの準備をしている母親が目に入る。挨拶を交わす前に母親は意外なことを口にした。

「こんな娘が雑誌に取り上げてもらえるなんて、本当にいいんですかね……」

恐縮してろくな挨拶もできぬまま静かに母娘のやり取りを見ていると、これが実にいい感じなのだ。すえこは母親を信頼し、母親も娘の生き方を見守っている。世間が想像するレディースの親子関係のイメージを覆す光景だった。

久しぶりに会うすえこは体型もスリムになり、髪をお団子にまとめているせいか清潔感があった。何より驚いたのは随分大人っぽい印象になっていたことだ。愛嬌のある笑顔は初対面の時のままだったが、その佇まいや話し方は4代目総長としての自覚と自信に満ち溢《あふ》れていた。

すえこはインタビューで総長としての夢を語った。それは「紫優嬢」に留まらず県内のレディースと連合を組んで、より強力な連合体を結成することだった。

「埼玉はもちろん、いつかは関東をまとめたい。私が紫優嬢を引退するまであと2年しかない。そう考えると短いくらいですよ」

「紫優嬢」は17歳の夏で引退するというのがチームの掟だった。13歳という幼さでレディースに入ったのは、他の子に比べても年齢的には結構早い方だ。引退する頃には相当な場数を踏むことになっているだろう。

そもそもすえこがヤンキーになったきっかけは、それほど深く重いものではなかった。もともと3人の姉がいて、着る服も上のお下がりになってしまうため同年代より大人っぽく見られた。その上すえこは体もがっしりしていたから威圧感もあったのだろう。しかし、決定的な原因は当時『花のあすか組！』や『湘南爆走族』などのヤンキー漫画が大人気だったことだという。この影響は大きかった。暴走族やレディースに入るきっかけは、こういった他愛もない理由の方が実は多い。

「単純にかっこいいと思いましたね。だから友達もそういう方向の子と仲良くなるんです。もし違う趣味の友達と巡り合えていたらヤンキーになってなかったと思いますね」

すえこは小学6年生で髪を染め、ヤンキーの世界にどっぷりと浸かっていく。しかし2年で4代目総長にまで上り詰めた成長の速さの秘訣《ひけつ》はなんだったのだろう？

「とにかく使える後輩になろうと思いましたね。先輩が何か頼んでくる前に動こうとしたし、先輩に認められたい一心でした。13歳からずっと貢献しているんで、自分以外の誰が4代目の総長になるんだと思うようになりましたね。中学の頃から駅番もしていましたし」

「駅番」とは暴走や集会に次ぐレディースの大事な任務だ。これはヤンキーが多い地域独特の〝習慣〟で、「自分たちのチーム以外の女が地元の駅でヤンキーっぽいスタイルでいきがっているのを見たら許さず、取り締まる」という活動だ。

「見かけたらボコボコにしましたよ、この町で私たち以外の不良は認めない。髪を黒く染めて真面目になるか、どうしても不良やりたかったらうちのチームに入るか、って脅かしましたね。ちなみに駅番は交代制でなく自発的にやるものです」

おそらくすえこは相当〝自発的〟に「駅番」をこなしたのだろう。こうしてライバルを押しのけ、すえこは4代目総長の座に君臨した。

総長としてのこだわりも示していた。それは特攻服だった。


ここで少し特攻服のことを補足説明すると、暴走族が特攻服を定番のように着るようになったのは1970年代の後半ぐらいだ。どこのチームが最初に身につけたかについては定かではない。以前ある実話誌でこのテーマを何人かの有力暴走族チームの草創期のメンバーに聞いたことがあるが、皆「最初に着たのは俺だよ」という回答だった。ある意味言ったもん勝ちだが、東京の下町の武闘派を自認する暴走族がその始まりでほぼ間違いないだろう。それまでのリーゼント、長髪のパーマではなく短髪、パンチ、アイパーの髪型に「押忍」の精神をチームカラーにし、右翼的なスタイルを真似て特攻服（当時は戦闘服と言っていた）を選んだのだ。ここからそのかっこよさに憧れた全国の暴走族が特攻服を身につけるようになる。

では、どこで買うのか。当然小洒落《こじゃれ》たブティックやデパートの衣装売り場ではない。ジーパンや作業服を扱う店や、都内では世田谷松陰神社近くの学生服専門の店が扱っていた。この店は硬派学生や暴走族御用達《ごようたし》として伝説的な店だったが、各地域にこの手の〝専門店〟はあったようだ。

刺繡《ししゅう》を多く入れるようになった1990年代あたりは当然値も張り、1着7万〜8万円程。それでも身につけたくなるのは自分のチーム、そして地元を背負う気持ちが高まり、にわかに気持ちが引き締まるからだろう。例えるなら野球のWBCの侍ジャパンが国を背負う気持ちでユニフォームに袖を通すようなものだ。

ただ、昔は何の問題もなく購入できたが、今は暴走族風な連中に特攻服を作ったり売ったり、また刺繡を入れたりするだけでその業者が条例に基づいて注意を受ける地域もある。そこまでやるかというほど規制は厳しい。

もっとも今はアイドルの親衛隊や野球の私設応援団、あるいは安手の学園ドラマでひんぱんに見られるが、そのルーツや意義を知る身としては大きな違和感を覚えてしまう。

「集会は土曜の午後から集まって、それまでは基本、服装は自由だったんですが、私が頭になってから特攻服着用を決まりにしました」

これは男の暴走族でも、案外珍しいことだった。世間では暴走族イコール特攻服というイメージが強いが、実際は撮影会や仲間の追悼集会など、ごく稀にしか着ない。

「特攻服はファッションじゃないんですよ、特攻服の綺麗なレディースって〝何ちゃって〟が多いですね。単車に乗ったり、喧嘩すれば汚れますから」

初対面からもその資質は垣間見えたが、質問に対する答えも明瞭で口調もテキパキしている。総長になり、その自信はますます揺るぎないものになっていた。あの純朴そうだった少女がこうも短期間で〝成長〟してしまったことに圧倒された一日だった。

インタビューから数ヶ月後、すえこは熱く語っていた夢の第一歩を、確かに歩き出していた。埼玉県北部を中心とした7チームのレディースの連合体「北関東女魂連盟《きたかんとうじょこんれんめい》」が結成されたのだ。結成式は埼玉県北部のある秋祭りの場で行われた。すえこは連盟の会長こそ他チームの先輩に譲った形になったが、集まった約１００人以上のレディースの前で堂々と結成の挨拶を交わしたその存在感はとても15歳とは思えないものだった。結成式は『ティーンズロード』でも取材したが、集合写真には諸先輩を差し置き、すえこが堂々とセンターに鎮座していた。

誌面での露出も増えた。１９９１〜１９９２年頃は毎号のようにすえこの記事が掲載され、読者人気もトップを張るほどになり、『ティーンズロード』の顔となった。そうなると世間的にはレディースの象徴としても見られる。ＴＢＳのニュース番組で特集され、女性週刊誌『女性セブン』でも数ページを割いたルポが掲載されたこともあった。週刊『ＳＰＡ！』ではあの篠山紀信が「紫優嬢」をカラーページの巻頭で取り上げた。すえこの存在はもはや社会現象になっていた。

そんなすえこが少年院送りになり、大げさでなくあれだけ命を懸けた「紫優嬢」を破門され、かつての仲間からリンチを受けた。

一連の出来事はすえこの存在が全国区になったこととは決して無関係ではないだろう。原因の一つは間違いなく『ティーンズロード』にあった。読者にすえこが圧倒的に支持されている限り、誌面で取り上げるのは商業誌である編集部としては当然の判断だったが、同時にすえこを取り巻く環境に様々な問題が生まれるということまで、計算できていなかったのだ。

第2章

『ティーンズロード』は偶然から生まれた

まるでドラマのようなヤンキー少女の〝ハコ乗り〟

その光景はまるで近未来を舞台にしたＳＦ映画のワンシーンのようだった。１９８７年の初夏だったと記憶している。

当時関わっていたセクシーグラビア雑誌『ＵＲＥＣＣＯ』の撮影で三浦半島にあるスタジオに行った帰り道のことだった。突然車が渋滞に巻き込まれて身動きできなくなってしまった。多分この先の江の島あたりで事故でも起きたのだろう。動かないものはしょうがないので車内でボーッとしていたら、突然雷が落ちたような轟音《ごうおん》がどこからともなく聞こえてきた。

１９７０年代から１９８０年代初頭に流行っていた暴走族の音にどこか似ていたが、まさか１９８７年に暴走族はないだろう。東京ではもうすっかり見られなくなっており、〝過去の遺物〟と思われていたのだから。しかし次第にその音が近づいてくるに従って、間違いなく暴走族の改造マフラーから発する爆音であることが認識できた。と同時にあっという間に対向車線から次々と暴走族が疾走してきた。派手なライトの単車や無理やり屋根を切ったセダンのシャコタン（暴走族が好きな、車高を低く改造した車）が縦横無尽に暴走する光景は、あまりにも唐突だったので現実感がなく、どこかドラマの撮影のような作り物にも見えた。気がつくと沿道にはどこから集まってきたのか、無数の少年少女のギャラリーで埋め尽くされている。

車から降り、沿道のギャラリーに紛れてこの光景を眺めていると、ふとあることに気がついた。シャコタンからハコ乗り（これも暴走族がお気に入りのパフォーマンス。窓を全開にして身を乗り出し上半身をそらす、ギャラリーを煽る際によくやる行動）をしているのは少女が圧倒的に多い。それも底抜けに明るい笑顔。おまけにルックスはアイドル風な美少女ばかりだった。多くがサテン地の法被姿で、これもその可愛さに見事にマッチしている。１９７０年代の場末のスナックのママさんみたいなヤンキー少女の雰囲気ではない。小泉今日子やおニャン子クラブのメンバーのような、80年代を象徴するアイドル顔の少女も何人か見られた。

ヤンキー少女か……なんかこれ、企画になるんじゃないかな。というかこのコンセプト、売れそうな予感がする……。考えているだけで、体の血液が逆流してくるような興奮を久々に感じた。

湘南で見た〝幻夜〟が頭から離れず、『ＵＲＥＣＣＯ』の進行の合間をぬってヤンキー少女を扱っている媒体を調べてみた。時々デザインや企画の参考のために見ていた『ポップティーン』（富士見書房から飛鳥新社を経て角川春樹事務所）によくヤンキーをテーマにした企画が掲載されていたことを思い出し、早速チェックしてみると、確かにページ数はそれほど割いているわけではないがヤンキー系の企画は必ず入っていた。それなりに需要があるから入れているのだろう。

そしてもう一冊、以前から気になっていたティーン誌があった。『ギャルズライフ』（主婦の友社）だ。このティーン誌は10代のセックスの問題を真正面から取り上げている独特の誌面で、たまにアダルト企画の参考で目にしていた。

しかしその過激なセックス特集が国会で問題とされ１９８４年２月の衆院予算委員会で当時の自民党政調副会長の三塚博が「こんなけしからん雑誌」と怒りまくった結果、連日ワイドショーでも話題になり、１年余りで『ギャルズライフ』は廃刊になる。

実際にどんな企画が誌面を飾っていたかというと、「はじめましてＳＥＸ」（１９８１年２月号）、「なんとなくクラクラＣ体験」（１９８１年８月号）、「ヒトに見せつけたいほど愛してます」（１９８２年４月号）、「水商売ママが教える男の扱い方」（１９８２年12月号）、とタイトルを見ただけでも当時の少女にはかなり刺激的だったはずだ。こうしたＳＥＸ記事が大きなウリになっていたのは間違いないが、よく誌面を見ると、むしろ丁寧に作り込んだ企画も目立つ。たとえば、『ティーンズロード』でもしっかりパクらせてもらった「フォト劇画」。これは写真をマンガのように構成してストーリー展開させるもので、創刊号からしばらく連載した。実写のモデルは読者から抜擢したが、あまりにも制作に手間がかかるため途中で連載を打ち切ってしまった。また「日本縦断駅前カップル」など、現地で取材しなければできない手の込んだ企画も大いに参考にさせてもらった。

このようにギャル誌でも『ポップティーン』と『ギャルズライフ』はお互いにコンセプトが異なるゆえに、それぞれが別の読者を対象にしたマーケットとして成り立っていたわけだが、共通しているのはいずれもちょっと道を逸《そ》れた少女の本音、肉声を拾い上げていることだった。読者はヤンキー少女そのものよりも、周辺で悶々としている少女像が想像できた。この層はおそらくファッションを中心とした優等生的なティーン誌ではもの足りないのだろう。ここにうまくフィットできればそれなりのマーケットを確保できるはずと分析できた。ヤンキー少女をメインコンセプトにした全く新しいティーン誌は絶対に成り立つはずだ。

考えれば考えるほど、いち早くこの企画を提案したくなってきた。ただ少し冷静に分析してみると、『ポップティーン』も『ギャルズライフ』も少ないページ数だからヤンキーの要素が案外読者に受け入れられているのでは、という疑問も沸いてくる。全面にヤンキー色を出すとかえって敬遠されてしまうという懸念も浮かんできた。

しかしその疑問はすぐに解消できた。前述したようにこの当時、いわゆるアダルト系をメインとしたミリオン出版と似たような版元が『ヤングオート』『チャンプロード』『ライダーコミック』などのヤンキー専門誌をヒットさせていたのだ。

アダルトを扱う版元がヤンキーに参入していたのは興味深いが、アダルトもヤンキーもどちらも表舞台ではなく〝日陰の存在〟であることが共通だろうか。当たり前だが大手の版元がわざわざこういうリスクを負うジャンルに参入することはない。あくまでも中堅弱小出版社の役割なのだ。

また、出版史としてはあまり語られないが、1970年代に出版された暴走族関連本には、結構隠れたヒット作が多い。1975年に刊行された『俺たちには土曜しかない』（二見書房）は広域暴走族ブラック・エンペラーの会長だった人物の自伝で、10万部を超えるベストセラーとなった。これは翌年ドキュメンタリー映画『ゴッド・スピード・ユー！（BLACK EMPEROR）』として上映（監督柳町光男）され、暴走族ドキュメントの最高傑作と評価されている。

二見書房は続いて『ドキュメント暴走族』をシリーズでヒットさせた。また第三書館から『暴走族100人の疾走』『暴走列島'80』なども刊行され、これらもヒット作となる。当時、書店とは無縁そうな不良たちが本を買いに来たことがちょっとしたニュースになっていた。

こうした暴走族・ヤンキー系の書籍はマーケットとして相当強力なジャンルでもあったの

だ。また、一連の第三書館の暴走族本は「オートバイ五大大陸制覇」や「チェ・ゲバラの痕跡」をルポしたフリーライターの戸井《とい》十月《じゅうがつ》（２０１３年没）をはじめ、左翼系の社会派のカメラマンやルポライターも制作に関わっていた。意外なようだが、暴走族全盛期の関連書籍にはインテリたちがかなり入り込んでいたのだ。

　その理由は学生運動が沈静化した後に、彼らが警察権力と真っ向から対峙していた暴走族を必要以上に過大評価してしまったためだと考えられる。しかし暴走族当人たちは政治的なイデオロギーは全く持ち合わせているはずがなく、ただ単に単車や車を改造して暴走したかっただけの遊びにすぎなかったので、ここは大いなる〝片思い〟に終わってしまったと言えるだろう。もっとも結果として暴走族本がこぞって世に出たのだから、結果オーライと言うべきか。こうした第三書館の暴走族本の大ヒットも当然認識していたので、アダルト系の中堅出版社は、少年犯罪と背中合わせという危険な側面もあるものの、「暴走族は商売になる」と、このジャンルの〝専門雑誌〟に参入してきたのだ。

　こういったヤンキー専門誌を丹念に分析してみると、読者がこの類いの雑誌に何を求めているのかすぐにわかった。一見派手な改造車が巻頭からズラッと並ぶが、後半のモノクロページは「売ります、買います」「ペンフレンド募集」「恋人募集」「一言コメント」などそのほとんどが読者投稿に割かれているのだ。それも電話帳のように小さな活字で、隙間がないくらいに埋め尽くされている。そこをよく見ると、大半が10代の少女からのものだった。かなりマニアックな車や単車の改造が売り物のヤンキー雑誌なのに、投稿者は圧倒的に少女なのだ。彼女たちがそれほど改造に興味があるとは思えないので、やはり既存の真面目なティーン誌の中のちょっとしたヤンキー系の記事では食い足りないのだろう。と同時に、男のヤンキー向けの雑誌でもどこか少女たちは微妙にすれ違いを感じているような気がした。もっと自分たちにフィットする雑誌を絶対に欲しがっているはずだ。そのポイントさえ外さなければ、間違いなく大きな宝の埋まったマーケットになる。

苦戦している『URECCO』のことがますます頭から離れていき、ヤンキー少女をメインコンセプトにした全く新しい雑誌の企画書を一気に書き上げ、平田社長に提案した。企画書にはわかりやすく伝えるために「要するに『ギャルズライフ』のヤンキー版」と書いた。

「うん、これいいね、売れそうな気がするよ。でもスタッフ構成も含めていきなりレギュラー誌でやるんじゃなくて、これに近い増刊を1冊出して様子を見ようよ」

すんなり月刊誌で出すことは叶わなかったが、とりあえずヤンキー系の企画を出すことは合意された。これまで自分は何の実績もないわけだから、会社の判断は納得することでもあった。

ただ、いざ動き出そうとするも、これまでアダルト一辺倒で来ていたから当然ヤンキーに対するネットワークなど持っていない。当たり前だが早くも出だしから躓いてしまった。そんな時、同じフロアでアダルト雑誌の編集をフリーで請け負っていた、ちょっと強面でアクは強いが妙に面倒見のいい「ナベさん」という人物が「比嘉ちゃん、暴走族のルートを探しているんだって、なら群翔（暴走族や竹の子族、街道レーサーから右翼の軍事訓練までアウトサイダーの世界をいち早くビデオで発売した映像メーカー）さんが一番だよ、社長知り合いだから紹介してあげるよ」と声をかけてきた。

そういえば、そんな名前のところから暴走族のビデオが発売されていることを思い出した。ビデオ自体は見たことはないが、ヤンキー雑誌に広告が出ていたから「群翔」という独特の字面と名前が記憶に残っていたのだ。

「場所はどこにあるんですか？　できたら紹介してください」

「すぐ横のフロアに、事務所があるじゃない」

「え、うちと同じビルなんですか？」

「そう、そこを出てすぐ横。今電話してあげるよ」

そういえばこのビルで時たま、人相の悪い男たちとエレベーターで一緒になることがあった。どこから見ても危ない連中であることは間違いないと思っていたので、いつも下を向いて知らぬふりをしていた、まさかその男たちでは……なら紹介してくれなくても……と思ったが、もう遅かった。

「あ、今社長いるって、すぐに行った方がいいよ」

扉を叩くまで、ほんの数秒ためらった。やはり暴走族相手にビデオを制作しているぐらいだから、おそらくそれなりの人物であろう。下手すると同じ領域を競うことになるかもしれないわけだから、恫喝《どうかつ》の一つや二つは覚悟しなければならない。やっぱりこのまま引き返そうという思いが頭をよぎったが、それでは「ナベさん」に申し訳ない。サイは投げられた。意を決して扉をノックした。

「自分は鈴木誠厳《せいげん》。ナベちゃんから聞いてるよ、暴走族の本作りたいんだって？　やめなやめな、面倒だけだからさ、ま、座んなよ」

社長の鈴木誠厳は応接間のソファに長い足を投げ出していた。40代ぐらいだろうか、見るからに高級そうなグレイのダブルのスーツが、それなりの人生を歩んできた男の匂いを醸し出している。その男はこちらを上から下に目で追っている。自分より格が上なのか下なのか、信頼できるタイプか否かを瞬時に分析しているのだ。下手なお世辞はこの男に通用しないだろう。

「でさ、オタクところで今いくつ？」

予想外のことを聞いてきた。癖なのだろう、タバコを吸っている手が口元から顎のあたりをせわしなく上下に行ったり来たりしている。吸い殻がソファに落ちているが、気にするそぶりは見せない。その鋭い目付きで相変わらず自分を観察している。

「昭和31年生まれですから、今……」

「え、俺とタメじゃない、若く見えるね、で、何月生まれ？　え、5月？　俺よりちょっと先輩じゃない、うっす、失礼しました、で、地元は？」

　声のトーンや表情がにわかに柔和になっていた。タバコを持つ手が少し下がったのも、見逃さなかった。

「生まれは沖縄ですが、育ったのは足立区です。あまり知っている人は少ないですが五反野っていうところです、梅島とか西新井とかそっちの方ですね」

「え、足立区か……あっちも悪いの多いよな、頭一つ抜けた不良はいないけど、全体が悪いよな、あそこは」

　不良は縦社会であり、そこにどっぷりつかって生きてきたであろう、こういう男にとって1日でも先に生まれていたことは大きい。また、ビートたけしが何度もネタにしてきたように一般的にはイメージの良くない足立区という荒くれた土地柄もここでは有効だった。

「おい！　岩橋よ、この人が暴走族の本を作りたいってことだからよ、お前ちょっと協力してやれよ！」

全身をアーミールックで固めたスキンヘッドにサングラスという強面の少年がオフィスの奥に直立不動で立っていた。事務所の扉を開けた時からチラチラ視界に入っていたので、気にはなっていた。どこかで見たことがあったような気がしていたのだ。

「うっす、なんでも相談してください、横浜方面の不良ならいくらでも紹介できますから。で、こんな企画どうですか。ここに来れば暴走族に出会える、これ絶対受けますから」

見たことがあると思ったのは、資料で揃えた暴走族の写真集の表紙になっていた少年の一人だったからだ。近年は「ヤンキー界の重鎮」（元横浜連合鶴見死天王のメンバー。引退後は『チャンプロード（今は廃刊）』や『実話ナックルズ』などで元暴走族のインタビューページを連載している）としてテレビやメディアでコメントを発している岩橋健一郎の若き日の姿だった。強面の顔とは裏腹にどこか人懐っこそうで、こちらの質問にも端的に素早く言葉を返してくる、頭の回転の速さが印象的だった。この岩橋健一郎とならなんとかうまく付き合っていけそうな気がしたが、同時にやはりこういう世界に関わるなら生半可な気持ちを捨てた方がいいだろうと痛感した。

ちなみにこの鈴木誠厳とも岩橋健一郎とも今も交流が続いているから縁とは面白いものだ。

こうして『ティーンズロード』の前身であるヤンキー本『ツッパリ少年少女カタログ』は1989年1月『劇画スペシャル』というエロ劇画誌の増刊（なぜヤンキーの本がエロマンガ

誌の増刊なのかというと、社内に似たようなジャンルがない場合は、こういった畑違いの雑誌コードを使うのもアダルト系の版元の常套手段だったためだ）として発売された。ただし内容は自分が本当にやりたいと思っていたヤンキー少女のグラビアやインタビュー、読者投稿がメインではなく、不良の世界をサブカルチャー的に面白おかしく紹介した、今風の言葉で説明すると「ヤンキーあるある」みたいな構成だった。ヤンキー少女をメインに持って来なかったのはまだネットワークが不十分だったのと、やはり失敗は許されないので、先行して売れていた他社の男のヤンキー雑誌の世界に寄せて作った。ただ、これはこれで売れると密かな自信もあった。

刷り部数は約5万部で、売れ行きは実売で約6割近く。単発企画としてはまずまずの成績だったが、自分の中ではとても満足のいく結果ではなかった。社内的にも「かろうじて及第点」といったところで、失敗続きの自分の居場所が土俵際で踏みとどまれたという程度だったし、相変らず上層部や社内の視線はどこか厳しく感じられた。あくまでもエロ本が主流という社風なため、ヤンキーとはいえ〝一般誌〟にチャレンジさせてもらったのにさして成果を上げられなかったダメな編集者という烙印《らくいん》を押されたようなものだった。

そうなると「ヤンキー少女雑誌」も諸手を挙げて賛同してもらえるような空気ではなくなってくる。しかし思わぬところから援軍が現れた。ミリオン出版の発売元である大洋図書の幹部の一人が、ミリオン出版の全体企画会議の場でこの企画をかなり強力に推してくれたのだ。やはり他社のヤンキー雑誌が概ね好調なため、同じジャンルだということが後押しの要因だった。発売元の大洋図書が企画に乗ってきたということは、わかりやすく言えば大きな後ろ盾がついたことを意味する。

判型だとか定価だとか、細かい仕様は未定のままだったが、単発でとりあえず様子を見るのではなく、隔月刊でのスタートが決まった。思わぬ好条件に負けられないというプレッシャーも感じたが、これでやっと売れるものが作れるという期待感の方が大きかった。

スタッフも含めてにわかに慌ただしくなってきた。『ツッパリ少年少女カタログ』で知り合ったヤンキーから、正月に東日本中から暴走族が富士山を目指して「初日の出暴走」で集結するという情報をもらっていた。発売が1989年のGWになると想定できたため、密着取材すれば正月暴走の特集も組めるが、何より取材することで「ヤンキー少女雑誌」の存在を多くのヤンキーたちに知ってもらう良い宣伝の場になると思ったので、初日の出暴走に合わせて発売の告知などを入れたチラシを作ることにした。それに合わせて雑誌のタイトルを決めなければならなかったが、密かにあたためていた候補があった。

それが『ティーンズロード』だった。もともと、「ロード」は絶対に入れようと思っていた。当時10代の少女に根強く支持をされていた、ヤンキーの恋愛を描いた漫画の『ホットロード』

(紡木たく作『別冊マーガレット』1986年1月から連載)にインスパイアされたからだ。語感の響きもいいし、なによりコテコテのヤンキー臭がないところが自分でも気に入っていた。このタイトル案もすんなり決まり、隔月刊という刊行サイクルも含めて、社内の評価が厳しかったことがウソのようにイメージ通りのスタートが切れることになった。

チラシはB5サイズのカラー片面印刷。雑誌の印刷を請け負ってくれる三共グラビア印刷(現三共グラフィック)がサービスで印刷してくれた。確か3000枚ぐらい刷ってくれた記憶がある。このチラシを初日の出暴走の当日、現場でヤンキーたちに無作為にバラ撒《ま》くという実にアナログな宣伝方法を取ったが、これが創刊号を作るにあたり大きな効果を生むことになる。

族車に紛れて検問突破

1988年の大晦日に、編集を手伝ってくれる編集プロダクションの「DEキャンプ」のスタッフ二人と倉科とFの5人、編集部が用意した三菱デリカに乗り、ヤンキーが大集結するという噂の「富士急ハイランド」を目指した。『ティーンズロード』はまずその第一歩を踏み出したのだ。本当に暴走族が大集結するのかという不安もなくはなかったが、中央高速に乗り、八王子インター手前あたりでそれは全くの杞憂だとわかった。どこからともなく爆音が響き渡り、気がつけば下り2車線とも暴走族で埋め尽くされていた。真冬なのに上半身裸で単車を逆走させて暴走する少年がいる。路肩に大型トラックを止めて車を降ろし、その場で改造パーツをつける暴走族たちの様子は、原寸大の族車のプラモデルを作っているように見えてある意味滑稽な光景だった。また、よく見ると「お正月」「新年」「賀正」など正月らしい飾りを車のフロントなどにつけている。一般社会が全く知らないこんな〝新年〟の迎え方もあったのだ。八王子の料金所手前で赤色灯を回した多くの警察車両が検問していたが、あまりの暴走族の数に検問の意味をなさない。次から次へと料金所は突破されていく。自分たちもその流れに紛れて〝無事〟検問を突破してしまった。

また、よく観察していると暴走族たちは談合坂《だんごうざか》のサービスエリアに吸い込まれるように入っていくことがわかった。どこから集まってきたのか不思議だったが、サービスエリアにはすでに多くのギャラリーが集まって彼らを歓迎するエールを送っている。さながら真夜中の暴走カーニバルだ。あまりの迫力に気圧され、しばらく車の中でこの光景を眺めているしかなかったが、その時倉科がチラシを手にギャラリーと暴走族の一団に突っ走っていく姿が目に入った。大丈夫だろうか？　と一瞬緊張したが、ヤンキーたちがチラシを手に興奮して舞い上がっている様子がすぐに見えた。

「新しいヤンキー雑誌ですか、俺たち取材してくださいよ」

「え、女の子優先なんですか、うちら女だけで原チャリで走ってますから茨城だけど取材に来てよ」

どうやら歓迎されているようだった。それを見て自分もＦも「ＤＥキャンプ」のスタッフも一斉にチラシを配りだした。その中にいた「浦和レーシング」というチーム名の一団の中のＴという少女と倉科が出会った。ちなみに「◯◯レーシング」というチーム名の意味合いは暴走族・レディースとは微妙に違う。自分もその違いには疑問があったので創刊当時何が違うのかと千葉県内のあるレーシングチームのＨに聞いてみた。

「要するに暴走族は単車でしょ、それを卒業して四輪に乗り換えることで、俺たちは族を卒業したんだって警察へのアピールも含まれていますね。でもね、やってることは同じですから」

つまり大きな違いは年齢が18歳以上かどうかということだった。倉科が声をかけたＴも、族というよりはだいぶ落ち着いているように見えたのは四輪に乗れる年齢になっていたからだ。Ｔは女だけで改造車を数台集められるから取材に来て欲しいと依頼してきた。チラッと見るとＴも含めて結構可愛い子が目立つ。取材はこの現場ですぐに決定した。この「浦和レーシング」の少女たちが創刊号の表紙と巻頭を飾ることになった。

「浦和レーシング」との出会い以外でも、チラシ効果は絶大だった。正月明けの5日から出勤すると、取材依頼や内容に関する問い合わせで編集部の電話は鳴りっぱなしだった。数日後にはかなりの数の投稿が編集部に届いた。おそらくチラシに記載した編集部の住所と電話番号を見て、手に取った少年少女たちが投稿してくれたのだろう。勇気付けられたのはその大半が少女からのものだったことだ。やはりこのマーケットには宝が埋まっている、そう確信できた瞬間でもあった。

「浦和レーシング」の取材は、正月明けの1月下旬に浦和市内のかなり大きめな公園で行われた。約束通り女だけの改造車が7台に、後輩だろうか、原チャリに乗ってきた3人のメンバーが集まってくれた。7人は20歳手前くらいだろう。茶髪に染め、揃いの赤のスーツに身を包んだ〝夜のお姉様〟といった雰囲気だった。男の改造車に比べるとやや地味だが、それでも公道で見かければ立派な〝族車〟だった。チームを集めた取材は初めてだったので、こちらもかなり緊張した。暴走族が集まっているのだから、当然いつ警察が来てもおかしくはないが、Tがテキパキとメンバーに指示してくれたおかげで撮影はスムーズに終わった。

表紙は7人のメンバーから3人を選んだ。表紙にふさわしそうなビジュアルが良い候補を優先して選んでみた。この時に揉めなかったのも、Tのリーダー性だろう。なぜ3人かというと、この時代の芸能雑誌の表紙は、どれも3人の顔がアップのものが多く、それに倣ったためだった。後発のヤンキー雑誌で、しかも少女が読者ターゲットなのでこれくらい差別化しないと勝負できないと踏んだのだ。また、芸能人やモデルではなく本物のヤンキー少女が表紙というのも世間に相当なインパクトを与えるはずだと思った。

浦和での撮影から数日後に都内のスタジオで撮影を行った。メンバー7人全員のお気に入りの私服での撮影と3人の表紙撮影に皆嬉しそうだった。プロのメイクに軽くファンデーションを塗ってもらったメンバーたちは、試し撮りのポラロイドが上がるたびに「うちら芸能人みたいじゃない？　ヤダ、太って見えない？」と大騒ぎだった。改造車にさえ乗っていなければ外見も話す内容も普通の20歳前後にしか見えなかった。

撮影にはサプライズも用意していた。それは水着の撮影だった。これはTにも事前に伝えてはいなかった。実現できれば、既存のヤンキー雑誌では見たことがない異例の企画になるはずだ。とにかくやれることはすべてやって納得したかったのだ。ただ、強烈に拒否されたら、それを押し切る気構えは持ち合わせてはいなかったが……。

これもTがあっさり承諾してくれ、水着になれる3人を自ら選んでくれた。

「これもいい記念だし、うちら今年で引退だからね」

この日取材に応じてくれた7人の「浦和レーシング」のメンバーは数ヶ月後には引退する

ことになっていたのだ。そういう意味でも、スタジオ撮影は彼女たちなりのけじめでもあったのだろう。

撮影が無事に終わって他の取材も滞りなく進行し、いよいよ表紙の色校正が上がってきた。三共グラビアの営業担当が大きな紙袋を持って編集部に入ってきた。その顔は心なしか上気しているように見えた。大きな紙袋から色校正がちらっと見えた。ド派手な蛍光ピンクのタイトルロゴが否が応でも目に入ってくる。「浦和レーシング」の3人の顔のアップとこの派手なロゴ。今までのティーン誌では見たことのないような、インパクトの強い表紙が出来上がっていた。

「かなり目立つと思いますよ、これは」

印刷所の営業も手応えを感じているようだった。実際紙袋から出して手にした色校正は、期待以上の色味と出来映えだった。「なんだこれは?」といったインパクトを確実に与える、そんな表紙だった。倉科は「いいですね、これは目立ちますよ、でも車とかバイクがちょっと小さくてヤンキー雑誌の棚に入りますかね?」と喜びながらもそんな感想を漏らした。倉科の疑問は確かに一理あると思った。他誌はどれもみな派手な改造車を大きく扱っているので、書店で置かれるコーナーは自然と決まってくる。ところが『ティーンズロード』はよく見れば小さく改造車も入っているが、人物がメインだ。その人物も芸能人や有名人ではない。

世間的には誰も知らない地方のヤンキー少女たちなのだ。多くの書店は細かく企画内容を吟味して棚に置いてくれるわけではない。あくまでも表紙で判断し、書店員の直感で棚が決まってしまう。パッと見てこれをすんなりヤンキー雑誌のコーナーには置かないかもしれない。創刊号の表紙は独自性はあるが他のヤンキー誌や一般的なティーン誌とも違うし、そういう意味で、かすかに嫌な予感もよぎってはきたが、今までにないヤンキー雑誌を作れたということと、中身に満足していたことがその不安をすぐに打ち消した。

とにもかくにも、期待した見本誌が上がってきた。営業も含めて社の評判は上々だった。唯一の誤算は刷り部数が約6万部だったこと。これは他誌より数万部は少なかった。後発であることと、コンセプトがライバル誌とはちょっと違うのが影響したようだ。最大の懸念は、定価が430円と他誌より100円ぐらい高くなったことだった。部数が取れなかったので、原価計算すると定価を上げざるを得なかったのだ。10代の読者にとっては100円近い差は大きい。ここに不安がなくはなかったが、それでも判型は他誌より少し左右が大きいAB判(他誌はB5判)だし、カラーページも少し多い。こういうサービスに読者も納得して買ってくれるだろう。そう確信していた。

自分の中では売れることしか想定していなかった『ティーンズロード』創刊号は1989年、GW後の5月8日に発売された。しかし、期待を大きく裏切り売れ行きは厳しく、実売は6割に届かない完敗に近い数字が上がってきた（もっとも出版不況の今日なら十分に及第点ではあるが、この時代、単発企画ならともかく雑誌の創刊号であれば実売7割以上が合格点だった）。

苦戦は4号まで続き、『ティーンズロード』のブレイクは前述の通り5号目の「紫優嬢」に出会うまで待たなければならなかった。しかし創刊号から4号目までと売れた5号目に、正直中身の出来に大差はない。ただ、4号までに掲載されたレディースチームにはもう一つ〝スリリング性〟があまり感じられなかった。必要以上にティーン誌的な作りを意識した結果、肝心なヤンキーがもつ危なさが欠けていたのだ。

その点「紫優嬢」はビジュアルもいいけれど、どこか危険な匂いがするチームだった。ここに差があったのだ。懸念された表紙もこの号はいかにもヤンキー色が強く出て書店の棚でもすんなりライバル誌の近くに置かれた。5号目以降は、出せばほぼ完売に近い数字だった。部数が盛り返してきた8号目からは隔月刊から晴れて月刊誌として独り立ちする。

この売れ行きをさらに加速させたレディースが登場する。伝説の不良少女・のぶこ率いる「三河遠州　女番連合《みかわえんしゅうすけばんれんごう》」だった。

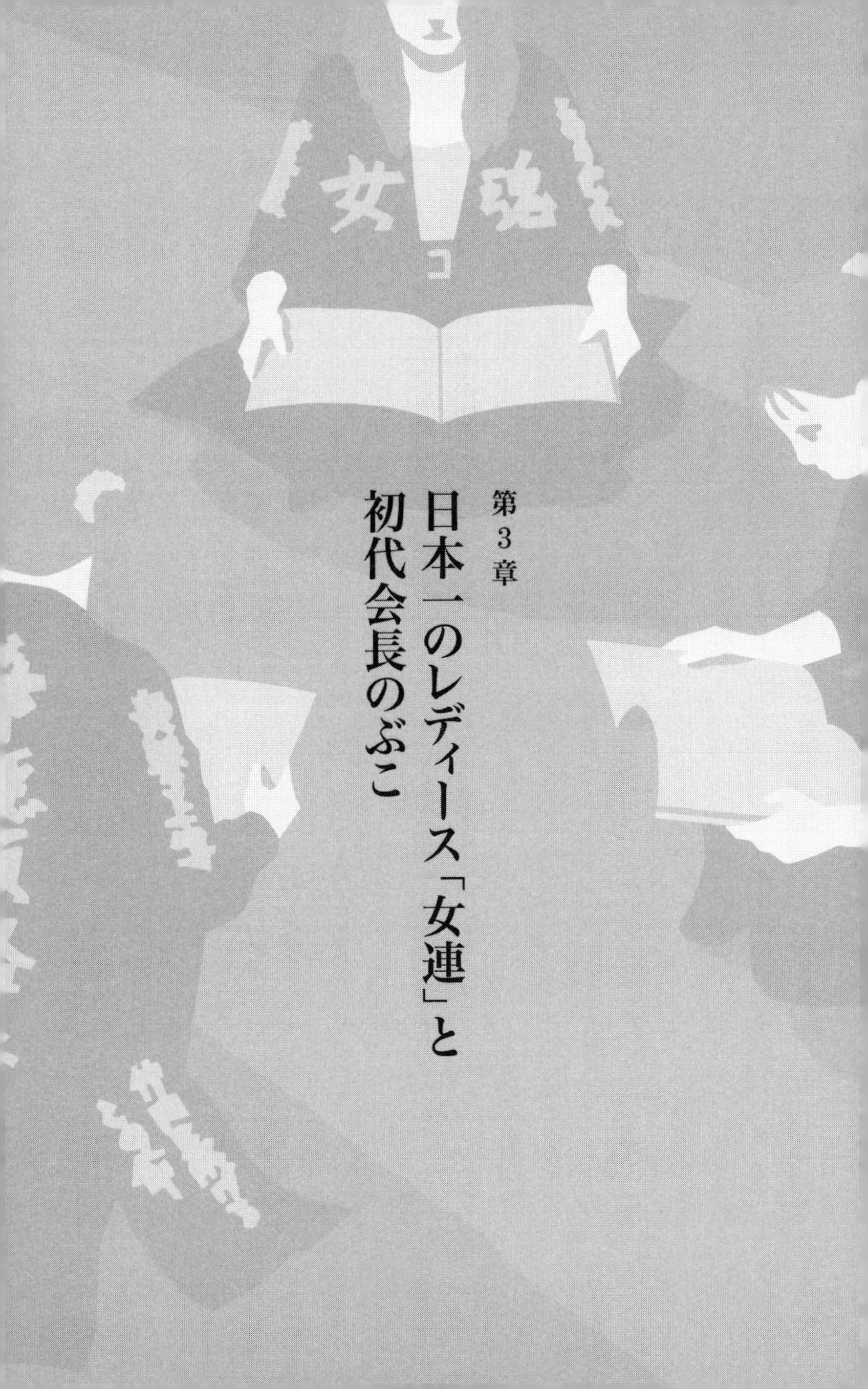

第3章

日本一のレディース「女連」と初代会長のぶこ

きっかけはクレームの電話だった

「愛知県のレディースのOBみたいなんですが、何かすごく興奮していて、よく聞き取れないんですよ、うちに文句を言いたいみたいで」

新しくスタッフに加わった、まだ20歳になったばかりのイマイ君（編集部及びヤンキー業界からはこう親しみを込めて呼ばれていた）が受話器を押さえて困惑気味に自分にすがってきた。「紫優嬢」効果で売上げが伸び、発行部数が12万部に届こうとしていた1990年9月頃のことだったと記憶している。この当時はこういうクレームは日常茶飯事になり、自分も対応は慣れてきたとはいえ、やはり電話を代わる時は独特の緊張感で体が強張《こわば》ってくる。とにかくクレーム対応は先方の言いたいことをすべて聞くことだ。ある程度言いたいことを喋ると、人は少し落ち着くということを数多くのクレームから学んだ。

意外なことに電話の声は30代〜40代ぐらいの大人の女性のものだった。この年代の女性のクレームは取材や投稿写真に掲載されたヤンキーたちの保護者を名乗る母親以外はこれまでにはほとんどなかった。ややかすれた声で早口でまくしたててくるので、確かに最初は何を伝えたいかよくわからなかったが、だんだん要点がつかめてきた。

「うちらは今まで『ティーンズロード』に出てきたレディースとは格が違う、気合いの入り方も構成人数も。なので早く取材に来て欲しい」こういうことだった。しかしこっちが解釈するのに数分はかかった。とにかく興奮しているのと、独特の方言が混じっているので、なおさら理解するのが難しかったのだ。

「メンバーは100人以上いるもんで、ティーンズロードに出てるレディースとは気合いが全然違う。とにかく見てくれればわかるもんで。私は初代会長ののぶこ。で、いつ来る？」

のぶこが名乗ったのは「三河遠州女番連合」。〝スケ番連合〟というどこかアナクロじみたチーム名のセンスが硬派ぽくって、これまでのレディースとは何かが違うかもしれないという印象は確かに受けた。

ただ、これまでも大人数を豪語したチームにどれだけ期待を裏切られたことか。「すみません、この間、みんなパクられちゃって台数も人数も揃わないんで」と現地で説明されれば納得するしかない。以前、北陸方面から車と単車合わせて50台以上集められると取材依頼があり、期待をもって車で10時間以上かけて現地に着いたら2台しか来ていなかったこともあった。今回も多く見積もっても20人も集まれば上出来だろう。特にレディースは残念ながら

2桁の人数でも多いほうというのが現実だった。

「編集長、本当に100人以上来るんですかね。信じられない気もしますが、ただ、凄い自信マンマンでしたから本当かもしれませんね」

「ま、多くて20人〜30人だろう。でもそれでも凄いけどな、一応念のためカメラマンは二人用意しておくけど」

電話口の興奮したのぶことという初代会長のあまりの自信に、あり得ないとは思いながらも、もしかしたらと、今回はあらかじめ二人のカメラマンに声をかけておいた。


1990年10月。待ち合わせは愛知県の豊橋駅前に昼の12時。スタッフのイマイ君と、カメラマン二人。計4人で市ヶ谷の編集部から、トヨタのエスティマで出発した。この手のミニバンは人数も機材も積めてなおかつ運転しやすいので、編集部専用の車として重宝していた。ハンドルは自分が握った。イマイ君は免許取り立てで、まだ運転にそれほど自信がなさそうだったので、長距離運転は任せられないと判断したからだ。愛知県あたりは新幹線で行くこともあるけれど、この距離だと車を使うことの方が多かった。その最大の理由は、取材の特性上決められた時間通りに進行できるかどうか予測ができないからだ。途中で警察が駆けつけ、取材が一時中断することも大いに想定できるので、仮に取材が深夜に及んで終電が終わってしまっても、車を使えばその日のうちに東京に帰ることができる。そのためスタッフを選ぶ基準は最低でも車の免許があり、運転に多少の自信があるということだった。学歴は不問、体力と何でも行動できるフットワークの軽さ。これが重要で、逆に言えばこれ以外何の条件も必要なかった。イマイ君も高校を卒業して、好きな絵を活かしてイラストレーターかデザイナーになることを夢見てコンビニでバイトしていたところを、編集部に出入りしていた印刷業者の紹介で面接したのだ。物事に動じなさそうなところと人が良さそうなところを買い、新しいスタッフとして迎え入れた。長く倉科とFの３人と編集プロダクションの「ＤＥキャンプ」の遊軍で、なんとかこなしていたが、そろそろ疲弊してきていて、新人の編集が欲しかったところだった。

イマイ君は人懐っこい性格で、レディースや暴走族の連中にも友達感覚で接することができた。地方取材に行くと、みんなイマイ君に会うことをかなり楽しみにしていて、しばし緊迫する現場がイマイ君の存在で和んだことも度々あった。

そのイマイ君は今回、今までにない異例のカメラマン二人体制で備えていることを、自分が電話を取ったのがきっかけになっただけに、少し気にしているようだった。

「10人ぐらいしか来なかったら愛知行きが無駄になりますよね」

「それはもうしょうがないさ、予測できない連中を相手にしてるわけだし、たとえ１００人集まらなくても、現地に行くと、なんかネタは必ず拾えるから、臨機応変の心構えが大事さ」

エスティマの助手席に座ったイマイ君は自分の言葉に少し安心したのか、幾分表情が和らいだ。段取りどおりにいかなくても、行けばそれなりに何らかの収穫はあるものなのだ。今回も不安はなくはないけれど、何か、大きくは期待を外れないのではという予感もした。あののぶことという初代会長の自信に満ちた一言一言が、そんなに口から出まかせとも思えなかった。

待ち合わせより1時間ぐらい早く着く予定で出発した。ヤンキー取材の鉄則は遅刻厳禁なのだ。時間より早く着き、心に余裕を持つことが大事だった。なにより、遅刻してヤンキー連中にこちらの落ち度を見せないことが重要だった。要するに「なめられないように」ということだ。

時間に余裕があったので、足柄サービスエリアで軽く食事をとることにした。取材は何が起きるかわからないので、食べられる時に食べるという習慣がいつの間にか身についてしまっていた。また、地方のサービスエリアはつかの間の休息を取れるのとそれなりのご当地の食事が楽しめるので、いつの間にか重宝するようになっていた。

『ティーンズロード』の取材は少ないスタッフを時には2チームに分けて、北は北海道から南は沖縄までほぼ全国都道府県をくまなく回った。この時向かった愛知県もそうだが、地元の名産や、ご当地グルメを堪能できたことは悲しいくらいにほぼ皆無だった。取材は日帰りかせいぜい１泊が基本なうえ夜中がほとんどで、また仮に日中であっても、人里離れた山の中や工事現場跡など滅多に人目につかない場所も多い。そういう意味でもサービスエリアは唯一地方を体感させてくれる場でもあり、また軽く打ち合わせするにもふさわしい空間だったのだ。

「初代会長の言葉を鵜呑《うの》みにすると１００人以上ということだけど、ま、それはないとして仮に20人〜30人でも結構多い方だから、フィルムの本数は大丈夫かな？　足りないことがないようにしないと」

「一人一人撮るんですか？　そうするともしかしたらフィルム本数足りないかもしれませんね」

「それなら先に集合写真を撮ってしまおう。仮に大人数でも一発集合写真さえあれば見開きページで使えば迫力は出せるからね」

平日の午前中の東名高速は大型のトラックが追い越し車線を猛スピードで走り抜けていくほか、車も少なく、予定通り１時間近く早く目的の豊橋駅に着いた。駅前にロータリーがあり、そこに車を止めるスペースがあったので、しばしここで仮眠することにした。

「さぁ、今日は凄いことになるか、がっかりするかどっちかだな、いずれにせよ、みんな朝早かったからここで少し仮眠しよう」

とはいえ、いつも取材前はそれなりに緊張しているので、本当に眠りにつくことはない。警察が来たらどうしようとか、彼ら彼女たちが交通事故でも起こしたらどうしようとか、毎回こうした不安はぬぐえない。イマイ君も気が昂《たか》ぶっているのか、助手席のシートで右に左に寝返りをうっている。皆言葉少なく、目だけを閉じている。取材前の束の間の休息はいつもそんな空気が淡々と流れていた。誰もが言葉を発するのをためらっている。自分も一睡もできなくてひたすら目をつぶっていただけだったが、気がつくと約束の12時近くになっていた。

シートを起こし、外を見ると、いつの間にか豊橋駅前のロータリーに数十台のシャコタンの車が止まっている。派手な改造ではないが、明らかに族車だ。まさか、この車？

「編集長、車の中から特攻服のレディースがいっぱい出てきてますよ、これみんなそうじゃないですかね」

イマイ君が興奮して車のウインドーを開けた。黒、赤、白、ピンクと色とりどりの特攻服が次から次へと車から降りてくる。どう見ても30人〜40人近くはいる。車のサイドミラーで髪型をチェックしたり、ハチマキを締め直したり、それぞれ思い思いに身だしなみをチェックしているが、そこに少女らしい笑顔はない。これまでのレディースとどこか違う気合いの入った厳しい表情を浮かべている。背中の「三河遠州女番連合」の刺繍が目に入ってきた。

話は本当だった。自分も車を降りると、一人の女性が足早にこっちに来た。

　直感でこの女性がのぶこだとわかった。茶髪のショートカットで赤いトレーナーにジーパンというカジュアルな服装も予想外だったが、何より驚いたのは体が細く華奢《きゃしゃ》な体型だったことだ。全く想像と違っていた。

「ワタシがのぶこ。編集長ですか？　いや、１週間ぐらい前にけっこうパクられた子が多いもんで、１００人は集まらない、70人ぐらいなもんで、今日はこれで勘弁してもらうしかないわ」

　この小さな女性がこれだけの数のレディースを本当に束ねているのだろうか。かすかな疑問が頭をかすめたが、集まっているレディースたちは直立不動の姿勢で次ののぶこの言葉をじっと待っている。

「のぶこさん、これだけの人数だと、すぐに警察が来てしまいますから、全員撮影できないかもしれませんよ」

「大丈夫。場所はこの近くの埠頭《ふとう》でやるもんで、警察には話つけてあるから」

　話をつけているなんて、そんなことがあり得るのだろうか？　のぶこの言うことがにわかに信じられなくなってきたが、のぶこにはこっちの常識が通用しない何かが秘められているような気がしないでもなかった。

「女連」（以下スケ連）の車に先導されて、とにかくその埠頭に向かった。先導する車は思いの外静かに大人しく運転している。運転はおそらく「スケ連」のOB（レディースたちは女性であっても引退した先輩のことをこう呼んでいた）たちだろう。豊橋駅前に派手な水商売系のファッションに身を固めた、少し歳上の女性が数人、特攻服の中に交じっていたからだ。車が目的の埠頭に近づくと、すでに大型バスの警察車両が数台待機していたが、先導する車は何事もなかったかのように通り過ぎていく。それはまるで警察にガードされながら悠然と走り抜ける、どこかの国賓の車のようにさえ思えた。警察車両の運転手と目があった。感情を押し殺した顔に一瞬怪訝な表情を浮かべた。自分たちみたいな普通の大人が交じっていることに違和感を覚えたのだろう。

「これだけの数とは想像してなかったから、一人一人撮る余裕はないので、とにかく先に全体の集合と、多分、各支部が来てるので、その支部ごとの集合を撮ってしまおう」

「結構フィルムギリギリなんで、カットをしぼって撮りますよ」

カメラマンたちににわかに緊張が走った。埠頭に着くとすでに先に来ていた一団がいることに気がつく。ということは全体の人数はやはり100人近くはいるということだ。「スケ連」の第一印象はこれまでのチームと違い、どこか整然としていて静かな威圧感を感じさせた。

特攻服の色によって各支部が分かれているのだろう。赤は赤、黒は黒、白は白とそれぞれのカラーごとに集まっている。のぶこが電話で豪語したように、硬派な武闘派のイメージで凝り固まっているように見えたが、やはりよく観察してみると、笑顔でそれぞれ談笑する様子からは少女らしさが感じられた。

その光景に少しホッとしたが、派手なボディコンスーツのＯＢが輪の中に加わると、皆笑顔が消え、緊迫した雰囲気に一変した。あまりの大人数を前にして少しこっちも浮き足だったが、冷静に考えれば、これだけ集まったということは、警察がいつ動いてもおかしくはない。そうなると撮影を中止させられる可能性も高いと判断せざるを得ない。いくら警察と話をつけているといっても、そこは話半分に捉えておいた方がいいだろう。とにかく最初に全員の集合写真を撮ることが先決だ。その旨をのぶこに伝えようとすると、「編集長、うちらの挨拶があるもんで、それをまず見せたいもんで」と言う。

挨拶？　何を見せたいのだろうか？　こっちの焦りとは裏腹にのぶこは平然としている。ここはのぶこの指示に従うしかないようだ。口を挟まず黙って静かに様子を眺めていると、のぶことＯＢがテキパキとメンバーに何かを指示している。メンバーたちはまるで兵隊蟻のようにその指示通りに各支部ごとに整然と並び始めている。その並び方にも決まりがあるようで、レディースたちは混乱することもなく、綺麗に集合した。おそらく日常的に行われているのだろう。ざっと見渡して確かに70人近くいることがわかった。単独のチームでこれほどの人数はもちろん初めてだった。のぶこが整列した全員の前に立つ。その光景は何か荘厳な、神々しいものにさえ映った。ヤンキー独特の座り方であるうんこ座りのレディースたちの瞳が一斉にのぶこに注がれる。ＯＢたちも腕組みして厳しい目で後輩たちを睨みつけている。のぶこが一言発した。

「これからスケ連の挨拶をやるから、気合い入れて大きな声でな！」

するとうんこ座りをしていたレディースの一人が勢い良く立ち上がった。

「三河遠州女番連合豊橋総本部第◯代目総長◯◯よろしく！」

すると全員が「よろしく！」と大きな声を出す。

「三河遠州女番連合第◯代目特攻隊長◯◯よろしく！」

「よろしく！」

挨拶とはこういうことだったのだ。つまり一人一人全員がこの独特のフレーズを連呼するのだ。

「編集長、これ全員分聞かされるんですかね？」

イマイ君が耳元でささやく。

「もしかしたら俺たちも挨拶しなきゃまずいかもよ、ティーンズロード初代編集長、比嘉健二よろしくってよ」

今は冗談として笑えるが、この時この瞬間、真面目にそう思った。

「72人いますよ、ここにいる現役の数は。凄いですね、過去最高ですよ」

イマイ君がこの挨拶の間に人数を数えてくれた。長い挨拶が終わった。幸い自分たちは挨拶はしないで済んだが、次はどういう段取りになるのだろうか。またのぶこの主導で撮影の段取りを組まされるのか？　それはまずい。こっちにも組みたいページのイメージがある。意を決してのぶこに直訴してみた。

「いや、凄い挨拶でした。こんな気合いの入ったレディース見たことないです。で、のぶこさん、とりあえずこの集合、迫力あるので、このまま撮らせてくれませんか？」

拍子抜けするほど、のぶこはあっさり承諾してくれた。この後、のぶこが撮影に口を挟むことはなかった。多分、あの独特の挨拶だけはどうしても見せたかったのだろう。ちなみにこの挨拶は後に発売し大ヒットした『ティーンズロードビデオ』の動画に収録され、瞬く間に全国のレディースたちの間で大流行する。どこに行っても「第○代目総長○○よろしく！」が連呼された。

撮影はカメラマン二人体制が功を奏して、スムーズに進行しているので、その間にのぶこに簡単にインタビューをすることにした。

「のぶこさん、このチームの歴史とかいろいろ聞きたいのでインタビューいいですか？」

小さなカセットテレコをのぶこの前に持ってくるものの、のぶこは「エー、アー、ウー」と言葉が続かない。しかもカセットテレコを思いっきり睨みつけているので、みるみるうちに顔が紅潮してきた。

「のぶこさん、ビデオじゃないからそんなに睨みつけなくても大丈夫ですよ」

のぶこは少し照れ笑いを見せた。

「こういうのは慣れんもんでな」

こういう素朴な一面ものぶこにあることを知り、少しのぶことの距離を縮められたような気がした。そんなやり取りを見ていた豹柄《ひょうがら》のワンピースを着たOBの側近の一人が「私が代わりにしゃべりますよ、私スケ連の広報みたいなもんで」とのぶこの代わりにスケ連の歴史から成り立ち、構成人数をよどみなく話してくれた。

1980年頃に結成されたその歴史の古さに加え、本部のある豊橋だけでなく、愛知県の大半と隣の静岡県にまで支部を拡大しているスケールの大きさも驚きだった。暴走族は地元意識が強いため、代々その地域独自のチームが活動していることも多く、男の暴走族であっても違う地域に支部を持つことは難しい。そしてこの平成の時代にこれだけの構成人数がいるという事実、これも脅威だった。一段と「スケ連」というレディースに興味が湧いてきた。

間違いなく読者にも大きな反響を呼ぶだろう。また改めて追跡取材をする必要がありそうだ。そういう意味でも今回の出会いは大切にしなくてはならなかった。編集サイドが撮影したかったカットは一通り、無事撮り終えたので、気楽なスナップ写真を撮ることにした。これはお決まりの腕組みでカメラを睨みつけるヤンキーポーズではなく、構えていない、素顔に近い彼女たちにシャッターを合わせるという企画で、結構読者や編集部内では評判が良く、機会があるごとに撮ることにしているのだが、何やら様子がおかしい。

「ダメだよ、Vサインとか笑顔はな。常にカメラ睨みつけなきゃ」

笑顔でピースをするメンバーを見つけるとOBがすっ飛んできた。「スケ連」は写真を撮る時は笑顔禁止という掟があったのだ。こんなレディースも初めてだった。

ただ、そこはまだ10代の少女。怖いOBの目を盗んで、カメラに向かって良い笑顔を見せてくれた。当初はあまりの人数の多さに撮影が滞りなくできるか不安もあったが、無事に終わらせることができた。

何よりのぶこが豪語した通り、一台のパトカーも来なかったことは今思い出しても特筆に値する。常識で考えれば日中堂々、埠頭であれだけの人数のレディースが集まって撮影をすれば、警察が来ないわけはない。県警と「スケ連」の間に何か特別な関係でもあるというのだろうか？　帰り際のぶこに声をかけた。

「いや、本当に凄かったです。こんなレディース見たことなかったですね。今後ともまたスケ連を取り上げたいと思います。一度のぶこさんにゆっくり話を聞きに来たいと思いますが、いいですかね？」

「いつでもいいもんで、連絡してくれれば。ただ、あまり朝早いのは苦手なもんで電話は午後がいいかな」

のぶこも「スケ連」を評価されて面子が保てたのだろう。会った時より笑顔を見せるようになっていた。当分、豊橋詣でになるだろう。

実際、「スケ連」が巻頭を飾った1991年1月号は約12万部がほぼ完売した。その反響は創刊以来断トツで、とりわけ他のレディースチームには大きな影響を与えることになる。

「本当にあんなにいるんですか？」「でもよく見ると一人一人はそんなにたいしたことないですよね」「のぶこさんて凄そう、でも笑顔禁止はやりすぎだよ」「歴史も長いんですね、それも凄い。レディースは2、3年続けばいいほうだから」。

賛否を含めて取材先のどこへ行ってもしばらく「スケ連」の話題で持ちきりだった。続編は今回のようなチームのグラビア取材ではなく、のぶこ本人にフォーカスした読み物を考えていた。こんなに長い歴史を持つレディースの歴史と、支部を拡大し勢力を維持し続ける秘訣は自分としても知りたいし、読者も大いに興味があるに違いない。イメージは歴史雑誌によく連載されている、戦国ものに近い読み物を想定した。タイトルはストレートに「スケ連伝説」。3回連載ぐらいがいい。大河ドラマみたいな壮大な展開が期待できるだろう。

数ヶ月後、のぶこに連絡した。電話口の声は以前と違い、どこか落ち着いていた。この数ヶ月の間、のぶこに微妙な変化でもあったのだろうか。ただ、落ち着いて企画の主旨を話すことができたので、こちらとしては嬉しい変化に感じられた。詳しく「スケ連」の話を聞き、「スケ連伝説」という読み物の連載を企画している旨を伝えた。正直細かい趣旨がどこまで伝わったかは怪しかったが、とにかく「スケ連」の凄さをもう一度記事にしたいという意図は汲《く》んでくれたらしく、どこか嬉しそうだった。のぶこはいろいろ昔の新聞記事とか資料もあるので、家に来てくれればいくらでも話せると取材を承諾してくれた。

再び豊橋に向かったのは、スケ連が巻頭を飾った1月号の発売から約半年後のことだった。暑い夏の一日だった。今回は栃内良《とちないりょう》というライターとイマイ君との3人で、車でなく新幹線で豊橋駅まで行き、そこからレンタカーで移動することにした。創刊号からライターとして関わってくれた栃内良はもともと『ポップティーン』で10代の少年少女のドキュメンタリーを主に執筆していたが、とりわけ道を外れた不良に大きな関心を持っていたようで、『ティーンズロード』は本人の中でも相当フィットしていたのだろう、創刊から、多くの取材に同行してくれた。「スケ連」の最初の取材は都合で参加できなかったが、散々その時の話を聞かされ興味津々だったようで、今回は何が何でも同行すると意気込んでいた。

「10年近くそんな大きな組織の統制をとっていたのぶこさんの素顔を知りたいね」

栃内良がこれから温泉旅行にでも行くような満面の笑顔で嬉しそうに話す。

「それもそうだけどさ、一体どんな家に住んでるのか、そっちも興味あるね」

あののぶこが住んでいる家はなかなか想像できなかった。豊橋でレンタカーを借りて途中で冷たい飲み物を買い、教えてくれた住所を目指すと、意外に簡単にたどり着けた。そこは公団住宅のような団地だった。のぶこと公団。大きく予想が外れた。約半年ぶりに会うのぶこは幾分ふっくらして顔のツヤも良く、どこか健康そうに見えた。

6畳ぐらいの和室に小さなちゃぶ台がポツンとあり、そこに案内された。まず部屋に入り驚いたのは生活の匂いがあまりしないことだった。家具や女性の部屋特有の置物や飾り物の類がほとんどない中で、唯一目をひいたのは壁に貼られていた矢沢永吉の大きなポスターだった。

「のぶこさんも永ちゃん好きなんですか？」

「時代なもんでね、昔は夢中だったね」

のぶこはあらかじめ電話で話した通り、「スケ連」が載った昔の新聞記事のスクラップを用意してくれていた。記事の多くは1980年代のものだった。それは「スケ連」が本当に10年近く活動しているという確かな証拠でもあった。

「何か捨てられんもんで、こうしてとっといてあるんだけど、これ見てくださいよ、うちが最初にパクられた時の記事」

その記事は囲みのコラムで、読むと、噂の暴走族のリーダーを補導してみたら、最初は刑事も男だと思っていたらしく、尋問の途中で女とわかり、刑事がびっくりしたというエピソードが書かれていた。

「うちがあまりにも小柄で髪も短かったので、少年と勘違いしたらしいんですよ」

確かに昔の写真を見せてもらったが、男か女か問われても悩むところだった。コラムにまでなったのは「スケ連」がいかにこの地元では悪名高い存在で、そこのトップであるのぶこが、おそらく警察でも相当名が知れた存在だったことを示す大きな証拠だろう。最初の取材で、警察に話をつけたと言っていたのも、こういうつながりがあったからかもしれない。

話があまりにも面白く、栃内良もいつになくインタビューのテンションが高い。時間はあっという間に過ぎていった。のぶこは昔の武勇伝を話しているうちに熱くなってきたのだろう、額から大粒の汗が流れていたが、あまり気にするそぶりも見せず終始機嫌がいい。

とりわけ興味深かったのは「スケ連」の設立当初の話だった。

履歴書を提出させられるスケ連

1981年夏、のぶこは地元豊橋の不良少女仲間のCとM子の3人で女だけの暴走族を立ち上げようと、豊橋中を駆けずり回っていた。言い出したのはM子だった。ただこの時代、愛知県近辺の東海地方は男の暴走族の全盛期で、女だけでチームを結成するのはなかなか至難のことだったが、3人は本気だった。豊橋中の不良少女を腕力で押さえ込み、次々に傘下に置いた。最初のチーム名は「東三河女番連合」。名付け親はのぶこではなく、Cだった。会長はM子でCが特攻隊長、のぶこは副会長だった。50人以上のメンバーが集まり華々しく結成式を挙げる予定だったが、いち早く県警が動き結成式は幻に終わる。3人は補導された。M子は補導されたことで気持ちが萎えて、チームから手を引いていったが、のぶことCは違った。

「三河遠州女番連合」と名前を変えたスケ連はのぶこが初代会長になり、さらに過激な行動に出る。近隣の男の暴走族とも抗争を繰り返し、「スケ連」は一躍豊橋近辺では一目置かれる存在になった。

しかし、悲劇は突然訪れた。盟友Cが単車の事故で帰らぬ人となってしまった。のぶこはしばらくは現実を受け止められなかったが、出した結論は「Cのためにもスケ連をもっと大きくしてやる」だった。

Cが亡くなった後、のぶこは脇目も振らずに暴れまくった。豊橋周辺の不良少女は徹底したのぶこの暴力に屈してしまったが、ついに警察が動き、のぶこは少年院送りとなる。院内でも暴れまくり、収容期間は約1年半もの長期にわたった。

その期間、のぶこが唯一気がかりだったのは「スケ連」は存続しているかどうかということだったが、3代目はさらに勢力を豊川、蒲郡《がまごおり》、岡崎と拡大し、少年院を出た後ののぶこを感激させた。愛知県内に他のレディースが立ち上がるとすぐさま殴り込みに行き、相手をボコボコにし、その場で特攻服を燃やして土下座させた。その過激な喧嘩路線はすでに近県にまで知れ渡っていた。また、この頃に「会費は千円、無断欠席はリンチ、先輩のタバコは5秒以内につける、返事は一度だけ」等の「スケ連17条」という血の掟も作られる。

相談役に収まったのぶこの野心はさらに大きくなり、豊橋にアパートを借り、ヤクザばりに事務所を構えた。さすがにそこまで組織だって行動すると〝本職〟が黙っていなかった。3人のヤクザが日本刀を持って事務所に襲撃してきたのだ。

「てめえらヤクザをなめてんのか！」

この襲撃にも肝が座ったのぶこは怯まず翌日事務所に乗り込み、そこの兄貴分とサシで話し合いトラブルの予先を納めた。

難局は乗り越えたが、大きな試練がまたやってきた。「スケ連」の大半のメンバーが補導、逮捕されてしまう。のぶこが現役で活躍していた時期、鑑別所と少年院の部屋ごとに「スケ連」のメンバーの誰かがいる時すらあったという。一時は豊橋本部に二人だけの時期もあったが、そのたびにＯＢが力を合わせて組織を立て直し、取材時の１９９０年当時でも１００人近いメンバーを誇っていたから、まさに日本一のレディースと言ってもどこからも非難されることはないだろう。

10年近く前の出来事をのぶこは昨日のことのように話してくれた。設立の経緯は意外なことだったが、亡くなったCとの思い出を語った時は心なしか目が充血していた。確かに日本全国で10年にもわたってチームを維持しているレディースは「スケ連」以外には存在しないだろう。これだけの長い歴史と共に生きてきた当事者の肉声が聞けたことは、この後の記事に大いに役立つことになる。そして、この日改めて気がついたのは、のぶこの驚くべき記憶力と、話術の巧みさだった。長時間話を聞いていても飽きないのはこの話術によるものが大きい。「スケ連」という組織を長年にわたり統制するには当然、後輩たちを惹《ひ》きつけ、鼓舞するような話術も必要だったのだろう。自分も栃内良ものぶこの話しぶりにすっかり魅了されていた。

「のぶこさん、こんなに設立当初から今に至るまでスケ連に関わっているということは、歴代のメンバーをみんな把握してるんですか？」

栃内良のこの質問に、のぶこは嬉しそうに押入れからぶ厚いファイルを出してきた。それはなんと歴代メンバーの〝履歴書〟だった。普通の市販の就職用の履歴書だったため、もちろん趣味や特技、志望動機の欄もある。

「昔の子たちはみんな気合いが入ってたもんで、趣味も喧嘩と暴走とか多かったんだけど、最近の子はテニスとか音楽なんて書いてきてるから気合いが足りない」

その解説に思わず栃内良と爆笑してしまった。納得するようなしないようなところだが、ここまで管理を徹底しているチームはまずどこにも存在しないだろう。また、押入れにこの履歴書を大事そうに保管しているところからも、のぶこにとっての「スケ連」がどれほど大切な存在だったかが窺《うかが》い知れた。そしてもう一つ驚いたのは、メンバーのことを隅から隅まで把握していることだった。

「この話を元にスケ連の歴史を連載でやらせてもらいますので、今後ともよろしくお願いしますよ。あと、せっかく豊橋まで来たので、いろいろ別の企画もやりたくて、例えばＯＢで何か仕事をしてるとかお店を持ってるとかそういう方がいれば明日とか取材したいのですが、誰かいますかね？」

「あ、じゃあ、◯◯子がいいかな、最近安城の方でスナック始めたもんで、連絡は◯△×—◯◯◯◯。あと一人、◯美もいいかな、◯◯△—××◯◯」

携帯やポケベルの番号がスラスラ出てくるのだ。こっちは慌てて何回も聞き直したりして、ようやく番号をメモすることができた。のぶこはもともと、こういう特殊な能力を身につけていたのだろう。

のぶこの話を基に栃内良が壮大な物語を書き上げてきた。その内容は期待した以上にスケールが大きい〝レディース版戦国大河もの〟に仕上がっていた。1991年10月号から「女連伝説」として3回連載でスタートした。この連載も大きな話題になったが、同時に良くも悪くも『ティーンズロード』イコール「スケ連」というイメージもまた生まれてしまった。近県の他のレディースが「スケ連」に遠慮して『ティーンズロード』に載ることをためらうようになってきたのだ。「スケ連」の圧倒的な構成人数は別格であるにもかかわらず、あれぐらいの人数がいないと大きく取り上げてくれないのではないかと、尻込みするレディースの声も聞こえてきた。それによって〝どこでも誰でも取材する〟という本誌のコンセプトが揺らいでしまうことにもなるので、ためらうレディースを説得したこともあった。

とはいえやはり読者人気は相変わらず高く、「スケ連」は自分が編集に関わった1993

年の６月号まで、年に数回は必ず特集記事を組んだ。

中でも忘れられない企画があった。

１９９２年５月号の「スケ連豊川支部幹部会密着」の取材だ。カラオケボックスを貸し切った幹部会は日頃の「スケ連」の活動やメンバーの素の部分が見られるので、かなり興味深い記事が期待できた。幹部会は「立ち番」と呼ばれる「スケ連」の日常のメイン活動を各自が報告するというのが通例だった。

「立ち番」とは豊川駅をメンバー何人かで見回りすることだ。「スケ連」以外で髪を茶髪にしていたり、ヤンキーっぽい子を駅で見かけたら、メンバーが即座にその子に駆け寄り「スケ連に入るか、入らないならその茶髪を黒に変えて、真面目になれ」と忠告、警告をするのだ。この立ち番はスケ連のすべての支部で行われているが、実はスケ連だけでなく、幾つかの別の地域でもレディースの活動の一環として行われている。前述した「紫優嬢」のすえこも「駅番」と言い方はちがうが同じことを任務にしていた。

まともな忠告なのか恐喝なのかは微妙なところだが、これはある意味「スケ連」が生活指導の教師のような役割であり、受け取り方によれば〝正しいこと〟をしていると捉えることもできるとも思った。

「ガタガタ言ってきたら喧嘩しな。ただしこっちから手を出したらダメだからね」

豊川支部の総長がメンバーに「スケ連」らしい檄を飛ばす。立ち番の話はもちろん面白いが、この場で印象に残ったのが、入りたての新人たちも参加していたことだ。先輩の前で緊張しているのがありありで、先輩たちがタバコを手にするとコンマ何秒の速さでライターを差し出す。かつては大学の応援団やヤクザ事務所でもよく見られた光景だ。おそらく「スケ連」に入った新人が一番最初に覚えさせられる掟のひとつだろう。この瞬時にタバコに火をつける様子も印象的だったが、何より忘れられなかったのは、集会に遅刻した新人の一人が厳しく注意されていたことだ。

「何でいつも集会に遅れて来るんだ、遅刻と連絡なしの欠席は絶対ダメだからな」

総長が一喝する。確かに遅刻は実社会でも時には致命的なミスにつながる。そのため新人の少女にとってはたとえ「スケ連」とはいえ、これは人として正しいことを注意されている。また、よく見ると、新人たちは何やら必死でノートにメモをとっている。先輩の一言一言をノートに書いていたのだ。注意されていた新人に話を聞いた。

「やっぱりすぐ忘れてしまうので、メモしてるんです、次は注意されないように気をつけます」

「まるで学校みたいだね」

「私は中学も行ってないので、漢字とかあまり書けなかったんですが、スケ連に入って漢字を覚えました。先輩とかにも挨拶できるようになりましたし、私にとってはスケ連は学校みたいなものです」

この子がこの後どういう人生を送ったかはわからないが、これはある一面教育問題を表しているような気がする。もちろんレディースに入ることをすべて肯定するわけではないが、この時代、多くのレディースたちは実は中学校にも通っていない。通学しても素行不良で学校からつまはじきにされてしまう。はじき出された少女たちにとって受け入れてくれる居場所がレディースだったのだ。世間では素行不良の集団と煙たがられるが、10代のある時期、自分の存在を認めてくれる居場所があることは結構大切なことだ。そういう側面もレディースにはあったということもまた事実なのだ。

この幹部会の取材はいろいろな意味で意義深いものであり、同時に『ティーンズロード』を作る上でも大いに考えさせられた思い出深い出来事だった。実際に「立ち番」も取材させてもらったが、この日豊川駅に降り立った〝不幸な〟茶髪の少女が数人「スケ連」の〝新人〟メンバーとしてスカウトされていた……。

ただ、こんなエピソードもあった。『ティーンズロード』を離れて数年後、全く違う雑誌で、あるセクシータレントの取材をしていたら、その子の地元が豊橋と知り、つい懐かしくなって、『ティーンズロード』と「スケ連」の話を振ったら、一瞬顔の表情が険しくなった。その子はどうやら「スケ連」に脅かされ、地元から逃げ出してきた経験があるようだ。

「ムチャ怖かったでした、だから今でも地元帰れないんですよ。そういう子結構いるんじゃないですかね」

すべてがいいことばかりでないことも、また現実ではあるのだ。

この「スケ連」を特集すると、どの号も爆発的に売れ、ヤンキー以外の〝一般人〟にも存在を知られることになり、『ティーンズロード』は良い意味でも悪い意味でも社会現象となる。

前述したようにこの当時、テレビや大手週刊誌、一般の月刊誌でもレディースの特集を組むようになり、それまで地方でそれほど目立っていたわけでもないレディースがにわかに脚光を浴びるようになったのだ。

しかしその結果、ある問題を引き起こしてしまうことになる。

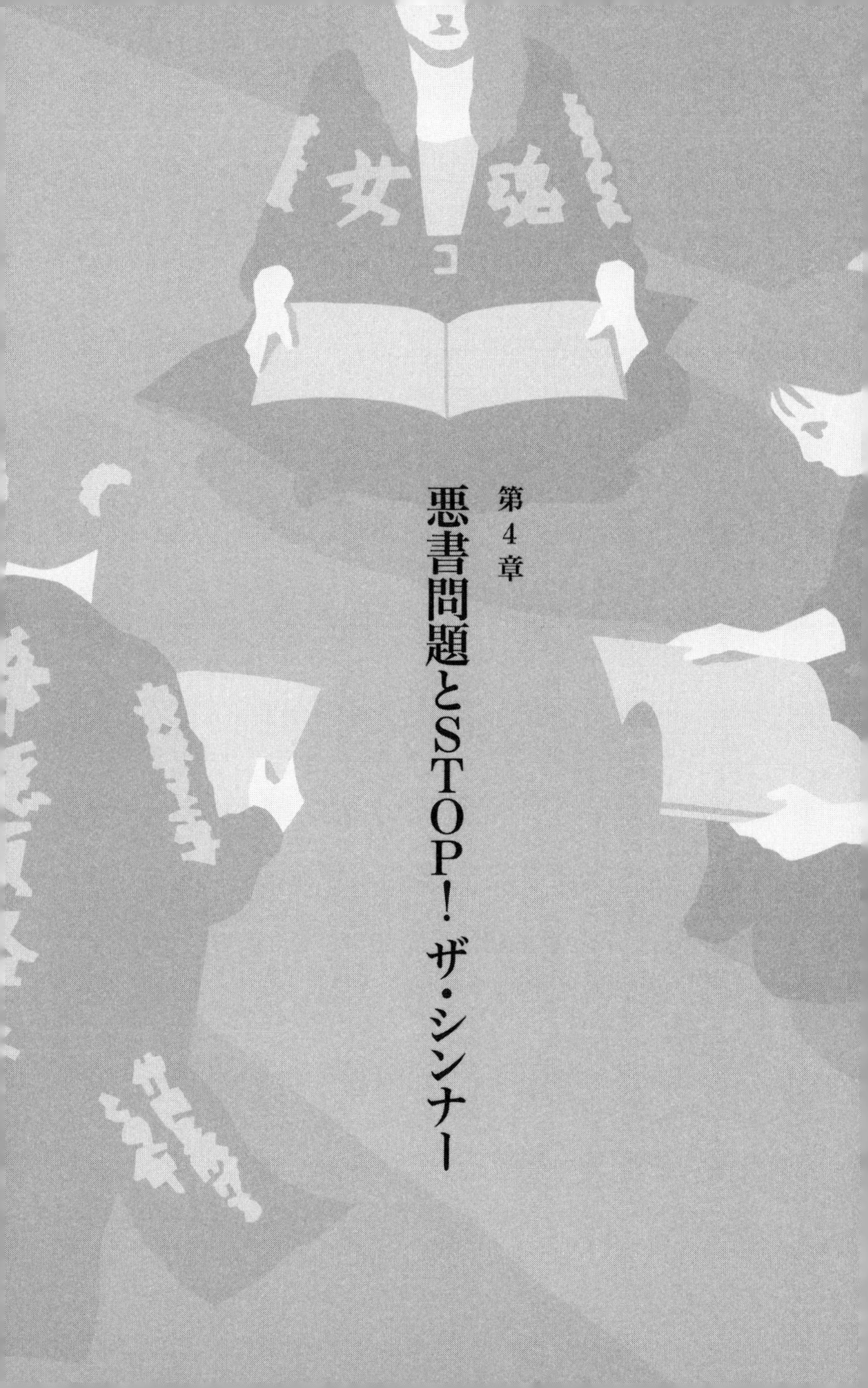

第4章 悪書問題とSTOP! ザ・シンナー

世間から厳しく叩かれる

「現実にこういう事件が起きたので、雑誌を出版されている道義的な責任を、編集長としてはどう考えているか教えてください」

電話の主は誰もが知っている全国紙の青森版の社会部の記者だった。言葉の節々から「責任はおたくにあるんじゃないの？」と問い詰めようとする意図を感じた。おそらくこちらの「反省と謝罪」の言葉を引き出したかったのだろう。

１９９１年夏。『ティーンズロード』は絶頂期を迎えていた。５号目で「紫優嬢」が読者に大反響を呼び、廃刊寸前だったところから奇跡の大ブレイクをして以降、「スケ連」効果もあって、号を重ねるたびに部数も増え、約13万部にまで伸ばしていた。同時に世間の認知度もかなり上がってきていた。この手のジャンルとしては後発ではあったものの、誌面が派手に見えたため、レディースだけでなくヤンキーや暴走族の〝専門誌〟の代表格のような位置付けとして捉えられていた。

マスコミにも多く取り上げられ、良くも悪くも目立ち始めていた。そんな時期に青森で一つの事件が起き、地元では連日大手メディアが大きく報道していた。

その事件をかいつまんで説明すると、青森の三沢地方で、あるレディースチームが発足したが、参加しなかった地元の少女数人に先輩たちがリンチを加え、それが傷害事件になった。彼女たちが動機として語ったのが「ある専門誌に出たいがために特攻服を揃えることが目標だった」という内容だった。

「ある専門誌」とあり、ティーンズロードという固有名詞こそ出ていなかったものの、しっかり本誌の表紙がずらりと掲載された記事もあった。そして青森県少年課のコメントとしてこんな談話が載せられていた。

「暴力的な見出しが並び、感受性の強い少女にとってはかなり影響があるのでは」と。

記者は自分の謝罪を聞きたくて電話をかけてきたのだろう。前述したようにその記者はどうしても雑誌に責任があると決めてかかった、こちらの答えを誘導するような質問を投げかけてきた。自分は努めて冷静に見解を話した。電話口でのこちらの対応に、記者の戸惑いを感じた。話しているうちに、そもそもこの記者は『ティーンズロード』をほとんど読んでいないことが判明した。表面的にザッと眺めただけだったのだろう。

表紙から巻頭のカラーページの多くは特攻服や改造車の派手な写真が並ぶため、確かにパッと見るとエキセントリックな内容に見える。ただ、モノクロページの読み物はほとんどがシリアスな10代の問題やドキュメンタリーで埋め尽くされていた。よく読むと実はかなり真面目な記事の方が多く、また、読者もそういう問題に真剣に自分の意見を投稿してきた。雑誌全体はレディースだけでなく、10代の少年少女のリアルな生き方が反映されている誌面になっているのだ。

「すみませんが、記者の方はうちの雑誌を隅から隅まで読んでいるんですか？　読んでいないなら読んでからもう一度同じ質問をしてください」

二度目の電話は来なかった。

メディアからこういう電話を受けたのは初めてだったが、この当時、読者の親、あるいは学校の教師からはかなり強いクレームを頻繁に受けていて、そのたびにこう答えていた。

「不良や族になる子も、ある時期の反抗であり、多くの10代は年齢と共に落ち着き、母親になったり、地元で働いたり、立派に成長します。ある時期にハミ出るけど、このハミ出たこともすべてが悪いわけではなく、このこともしっかり認めてあげて彼らなりの意見や考え方を聞くことも大事だと思います、うちの雑誌はとにかく少年少女たちの意見を、できるだけ多く掲載するというのが編集方針なんです」

中にはそれでも激怒する大人はいたが、この信念は決して曲げなかった。もちろん１００

％自分が正しいとも思っていなかった。こっちの立場は教育者でも指導者でもない。売れることも大事だし、綺麗ごとだけでは商業雑誌は作れないことも重々承知しているが、少し世間からハミ出した10代が何かを考える時間を、雑誌という枠で共有することが案外大事なことだとは思っていた。

この事件はまた、『ティーンズロード』にとっても大きな分岐点になった。自分たちなりに大手メディアと世間に堂々と反論しているという姿勢を読者に伝えることができたからだ。別の視点から見ると、編集部も常識ある世間の大人から、批判的に見られているということも伝わった。このことはおそらく読者の琴線に触れることにもなったのではないだろうか。うちらも世間から冷たい目で見られるけど、『ティーンズロード』も同じ仲間なんだ、と。

１９９１年10月号は「ＴＲ（ティーンズロードの略でしばしば、誌面ではこう表現した）って悪書かな⁉」と読者に問いかけるようなタイトルを表紙に入れた。そうしたのは、この問題を読者と共に考えようとしたからだ。決して編集サイドが「いやＴＲは悪書じゃない」と自分たちを正当化することはしなかった。あくまでも読者の意見を聞きながら、という姿勢を貫いた。この方が読者に響くと判断したからだ。

特集では当時人気のあったレディースの総長たちにコメントを寄せてもらった。創刊号に登場し、その後も人気キャラクターとして度々誌面を飾った元浦和レーシングのＴやＭなど様々な地域の有名レディースたちがコメントを寄せてくれた。

彼女たちは概ね、「雑誌に載りたいからチームを作ったということ自体が間違いでカッコ悪いし、活動した思い出の記念に『ティーンズロード』に載ったのであって、青森のレディースはそもそも本質が間違っている」と、本誌に好意的な意見を寄せてくれた。ただ、ここはそういう好意的なコメントが寄せられるであろうとあらかじめ予想はできていた。これも大事なことだが、敢《あ》えて『ティーンズロード』とはあまり縁のない良識ある大人側の意見も載せたいと考え、社会問題を評論する識者にもコメントを求めた。案の定、大人側の意見は雑誌に対する厳しい批判も多かった。誌面はこうして賛否両論の意見が交差してなかなかスリリングな構成になった。予定調和ではない緊張感に満ちた誌面が作れたことは、編集者冥利につきることだった。読者も企画に参加しているようなダイナミズムを感じ取ってくれたのではないだろうか。

また、この特集にあたりレーシングチーム「スティゴールド」のメンバーだったじゅんこの協力が大きかった。詳しくは後述（第7章）するが、じゅんこは本誌でコラムの連載を持っていたり、『ティーンズロードビデオ』ではマイク片手にレポーターをやってもらったり、レディース引退後も大きく本誌に関わってくれた一人だった。じゅんこは他のレディースのコメントはもとより、教師や親、普通のＯＬや大人側のコメントも多く取材してくれた。立場的には本誌寄りなのに、敢えて大人側の意見も聞いてもらった。こうした取材を経験したじゅんこの意見も当然掲載した。

《最近のＴＲとか見たり、実際に私なんかもＶＩＤＥＯでレポートなんかしての判断だけど、別にヤンキーやってなくてもいいんじゃない？　って子が出たりしてると、アー、やっぱり雑誌だけに出たいんだなって思ったりもするんだ》

実際、レディースに入っていた過去があるじゅんこなりの客観的な意見は貴重なものになった。

特集に対する読者からの反響は大きく、本誌に肯定的な意見が多かったが、否定的な意見も寄せられた。賛否両論だったことに意義があったのだ。様々な意見を交換することで何かが見えてくることがある。それが投げかけられただけでも特集を組んだ甲斐《かい》があったのだ。何よりこういう激論を交わす特集は作り手側と受け手側の距離を近づけるため、投稿にかなり比重を置いた『ティーンズロード』のような雑誌にとってプラスにつながったことの方が多かったのだ。

意外に真面目な誌面

「悪書」と世間から叩かれたように、表紙から巻頭のカラーページはレディースや暴走族の迫力ある生々しい写真で構成されていたので、ビジュアルだけで判断すると、コメントを求めてきた新聞記者と同じような印象を持たれがちだが、前述したように実はモノクロページは真面目な読み物が結構多い。また、〝ティーンズロード〟は投稿雑誌〟と評されるぐらい、誌面の多くは読者からの投稿で埋め尽くされていた。その大半は、レディースや暴走族には入っていないごく普通の10代の女の子、またはヤンキーではないけれど、登校拒否や引きこもりの子、または学校を中退（もしくは途中で半ばドロップアウト）してバンドデビューを目指している子……。そんなちょっとハミ出た10代が圧倒的に多かった。実は〝表紙や巻頭に登場するようなヤンキー〟は読者のごく一部で、それ以外の大半は10代特有のちょっと道を外れたどこにでもいる少年少女だったのだ。

また、『ティーンズロード』の読者投稿ページは、親との関係についての悩みや友達関係のこと、失恋、シンナーがやめられないなど、結構深刻な話がほとんどで、よく読むと暗くて重い。自分なりの分析だが、思春期の少女は往々にしてこういうシリアスな問題を好むような傾向が強いような気がした。

「ＴＲって悪書かな⁉」の特集でも打ち出したように、一つの議題に対して、雑誌側が答えを提示したり意図的に流れを作るのではなく、「これってどう思う？」と読者に投げかけるスタイルも特徴の一つだった。これは読者と雑誌の作り手ができるだけ対等でいたいと思ったからだ。誌面で何か議題を提示すると、それに対して読者が様々な意見を寄せてくる。さらにその意見に誌面で人気のレディースたちがコメントを寄せるという誌面構成もまた、独特の色をつけていた。

もう一つの特徴は『ティーンズロード』の誌面はプロとして生計を立てているライターや作家の原稿より、レディース本人の原稿が多かったことだ。文章力や表現力は当然劣るが、当事者だからこその生々しいリアリティーがあり、時にプロを圧倒する迫力があった。彼女たちは10代半ばにしてそれなりの人生経験を積んでいるので、言葉が生きているのだ。

原稿はこうした、限りなく素人を優先して使ったが、誌面のデザインは当時それなりに雑誌で活躍しているデザイナーを使っていた。ただし、注文をつけたのは極力オシャレで都会的なデザインに「しない」ことだった。１９９０年代の雑誌のデザインは白地や空間を生かしたシンプルな誌面が、特にカルチャー誌などでは主流だったが、『ティーンズロード』はそうならないように努めて「ダサく」した。参考にしたのは新聞に入っているスーパーのチラシだった。色使いは原色やパステルカラーを多く使うように指示した。なぜなら、読者層の大半が地方の10代で、彼らはとにかくごちゃごちゃした勢いのいいお祭りのような誌面を好んでいたからだ。例えるなら、彼らが好んで利用していた量販店「ドン・キホーテ」の店内のようなものだ。

しかし、やはり作り手としてはたまには空間を活かしたシンプルなデザインにチャレンジしたくなる。一度、売れ行きも安定していた1992年11月号の表紙で、白地にポツンと小さいイラストだけをセンターに入れて、キャッチを一つも入れないという小洒落たシンプルなデザインにしてみた。ところが、たまたま表紙のラフのデザインが上がってきた時、編集部に遊びにきていた関東の暴走族の少年がこの表紙を見てこう忠告した。

「編集長これ次の表紙? これダメですよ、俺らこういうの好きじゃないんですよね、もっとごちゃごちゃして賑やかにしないと、これ買わないすよ、俺たち」

11月号はそれまで快調に飛ばしていた売れ行きにブレーキがかかった号となる。次の号から元に戻したのは言うまでもないが、彼ら独特の嗅覚は誌面作りに十分に参考になった。

デザインに関してもう一つ彼らから学んだことがある。その後の自分の編集者としての方向づけにまで影響されたことだった。ある埼玉県内の暴走族を取材したが、これが結構絵になるチームだったので、あえてアート性を意識してモノトーンでページを構成した。当時でいうところの都会的で小洒落たイメージだ。表紙で懲りたはずなのに、編集者の悪い癖でどうしてもこういう処理をしたくなるのだ。

自分としてはイメージ通り渋めに出来上がったので、彼らもかっこいいと喜ぶだろうと思っていたら、発売後、彼らから強烈なクレームがきた。

「なんで俺たちのところだけ写真に色がついてねぇんだよ！　ふざけてんのか！　こら！」

まさかそういう感想を持つとは、完全に予想外だった。彼らには自分なりの意図を述べたが、それでは納得しないことがわかったので、近々刊行予定だった暴走族写真集の方では必ずカラーページで掲載することを伝えた。彼らの声が一転して嬉しそうに変わった。

編集サイドの独りよがりは一般大衆読者に必ずしも受け入れられるものではなく、かえって仇《あだ》となることの方が多いのだと改めて痛感した。作り手側が心地良いと感じるページは、往々にして、こと大衆雑誌に限ると受け入れられないことを知った。以降自分が手がけた雑誌はどこか田舎くさいデザインと誌面作りを意識した。今日も変わっていないこだわりは、暴走族の少年たちの指摘によるものだった。

レディースの次に賭けるのは老人介護

話が脱線したので誌面の中の少女たちの言葉が生きているという説明に戻すと、とりわけレディースの頂点に君臨する総長たちの肉声はインパクトがあり、多くの読者を惹きつける言葉を持っていた。

「疾る女たち」というタイトルの連載は全国各地のレディース総長にロングインタビューした人気企画だった。連載は23回続き、その大半に自分は立ち会ってきた。彼女たちの肉声は〝女暴走族〟という言葉からイメージされるような尖ったものではなく、また〝ギャル語〟のように同世代にしか通じない言葉を発することもほとんどなかった。敬語を使っていたのも印象的だった。これはレディースのチームが縦社会だったことも大きく影響しているのだろう。

ではそんな総長インタビュー「疾る女」の連載から幾つか印象に残った言葉を抜粋してみよう。

これは後悔してるんだけど、左の肩に刺青が入ってるの。18の時勢いで入れちゃったわけ。（中略）筋彫りだけで色は入ってないんだけど、バラが入ってる。足の傷と一緒にこのバラも消そうと思ってる（中略）だって親にもらった大事な体じゃないですか（中略）この前親と一緒にグルメ旅行とかいって北海道行ったんだけど、みんなとも温泉はいらなかったし
（愛知県　６代目総長　Ａ）

総長になって自分じゃ気がつかないけど、周りの人間によく「変わったね」って言われる。（中略）昔は肩が触れただけで即喧嘩してたけど、今はそういうことはなくなった。まず相手の話を聞くようになった
（群馬県　初代総長　Ｓ）

鑑別所出た後、試験観察で何日間か老人ホームで働いたの。イジワルなおばあちゃんとかボケてなにをいってるかわからないおじいちゃんとかいて、食べたものを顔に吐かれたり、ご飯を投げつけられても、私全然腹立たなかったの。この人たちは家族と離れて暮らして寂しいんだって。すごく自分が優しくなれたの。老人のニコってする顔見たらレディースの次に賭けるものはこれだって決めたの
（神奈川県　初代総長　Ｙ）

中学出てすぐ社会人になったでしょ。仕事の人間関係の大変さを知ったの（中略）やっ

ぱり仕事と私生活はきちんと分けないとね。自分で言うのもなんだけど、普通に高校行ってる子たちとは違うかなって。結構苦労してるぞ！　みたいなね（中略）自分自身がちょっとずつ大人になっていくっていうか、のほほんと生きないぞって感じ！

（和歌山県　初代総長　S）

総長を務まる資質はやっぱり自分の意思を持っていて男にちやほやされないでチームをまとめられる力のあることだね

（千葉県　初代総長　K）

どの総長も、なかなか洞察力のあることを口にしていたけれど、やはりレディースだけあってこんな傑作な〝名〟セリフも飛び出した。

生まれ変われたら小学生の頃から気合い入れてヤンキーやるし、もっと早くレディースを作ると思う

（埼玉県　2代目総長　N）

暴力にナーバスな今の時代では大っぴらにすることはとてもできないようなフレーズも当

たり前に飛び交っていた。

男に殴られるのはいいね、女に殴られても痛くもないけど、彼氏に殴られるたびにこれで鍛えられたぞってね　（千葉県　3代目総長　M）

喧嘩は数え切らないくらい、タイマンは100回以上やってる。負けたことはないね。自然と勝ち方を身につけた。まず相手の眉間とみぞおちを狙いますね。負けた相手は裸にしてその辺を走らせますよ、そんなの何度もありますね　（浜松市　6代目総長　E）

レディース総長といえばやはりどうしても避けられない話題が「少年院」だ。暴走危険行為や対立するチームの抗争による傷害などで多くが16、17歳の幼さとはいえリーダーとしての責任を背負い、少年院に入っていた。だからこそ「少年院」を体験した総長の言葉もなかなか興味深いところがある。ちなみに鑑別所、少年院の企画は毎年数回取り入れたが、総じて入所したことへの反省の声はあまり聞かれなかった。

辛いのはまずい食事と規則正しい生活。勉強になったことはないね。今は保護司ついて

るけど、集会も暴走も続けているよ　　　　（愛知県　4代目特攻隊長　T）

年少（少年院のこと。筆者注）には出産の設備もないし、来てもらっては困るって、私妊娠してたから年少にまで嫌われたのかなって　　　　（東京都　初代総長　Y）

窓から男の子が見えると「男だ！」って騒いじゃったよ。鑑別、少年院と半年は女だらけだから、男って生き物が珍しくって　　　　（東京都　4代目総長　M）

また、独特の企画が多かった中でも極め付きは、レディース総長が読者の悩みに直接回答する「人気総長の公開質問コーナー」だろう。本来ならば読者からの悩み相談には編集部もしくはしかるべき大人が対応するのがまともなやり方だろうが、そこはそれ。回答者はその時代ごとに人気の高かったレディース総長たちだったが、その回答はかなり個性的だった。彼女たちは雑誌上では人気総長とはいえ、世間一般からは良く思われていないため、こうした読者が自分たちに悩みを寄せてきて、それに回答してあげて、読者たちが少しでも救われるということに対してやりがいを感じていたように思えた。

Q　チームでばっくれた子はいますか？　また彼氏にレディースやめろって言われたら？　親に家を追い出されませんか？
（岡山県　T子）

A　ばっくれた子はいるよ、筋の通らない理由なら見つけてボコボコだね。彼氏は理解あるから大丈夫。親はほとんど家にいないし、親も慣れたんじゃないかな
（千葉県　2代目総長　M）

Q　私は中3の女です。今受験なんですが学校面白くないんです、本当は暴走族も入りたいし、でもそんな勇気もないんです。どうしたらいいでしょうか？
（神奈川県　Y）

A　本当にやりたいんだったら自分の思う事をやればいいんだよ。じゃないと後で絶対後悔するから。でも受験するのもダサいことじゃないから、今は受験しな
（金沢市　3代目総長　T）

Q　転校して地元のどこにレディースがあるかわからないのですが、自分で作ろうと思ってるんですが、どうしたらいいですか？
（奈良県　N）

A　本当にやる気があるなら今住んでいるところで番を張ることだね。名前はあげれば自然と仲間が付いてくるから
（元貴族院女族2代目総長かおり）

Q　中学のマブダチはバリバリのヤンキーで、でも私は高校に行きたいんです。マブダチとはもう一緒になれないんでしょうか？
（神奈川県　M）

A　所詮学校は進学するか遊ぶかのどっちかだし。友達は遊びをとったんでしょ。でもマジで高校行きたいなら頑張って高校行きなよ。マブダチもたまに会う方が長つづきするからさ
（埼玉県　2代目総長　M）

誌面に掲載されることはわかっているので、総長たちなりに配慮した回答をした様子がうかがえるが、質問してくる真面目な読者たちはヤンキーの世界に入らない方がいい、というニュアンスが往々にして感じられる。自分たちの世界が中途半端では務まらないというプライドもこうした回答に至った一つの理由だろう。

取材の時はシンナー厳禁にしています！

読み物ページに堅い真面目な記事を多く掲載していた理由は、レディースのイメージが過激なだけに、世間に対して「10代という感受性の強い世代にメッセージを送っている責任を

自覚している」という理論武装を固めておきたいという対外的な意味合いもあったが、それ以上に本気で読者に訴えたかったこともあった。その筆頭が「ＳＴＯＰ！ザ・シンナー」だ。

まだブレイクする前の4号目（１９８9年11月発行）の巻頭特集は「ホンキで宣言！ 気合いＢＯＹだったら絶対シンナーやめてね」という編集部側からの強い提案だった。前述したようにどちらかというと読者に問いかけることが多かったため、こうした編集サイドの打ち出し方は珍しいことだった。なぜ、シンナー問題というややシリアスなテーマを巻頭に持ってきたかというと、読者からのシンナーに関する投稿がかなり多かったことがあった。

編集部で設置していた「ＨＯＴ ＴＥＬ」という24時間留守録できるメッセージ電話に、毎日シンナーで悩んでいる読者からのリアルな肉声が吹き込まれていたことも大きかった。メッセージの多くは、

「シンナーのせいでかけがえのないマブダチをなくしてしまった……」

「幸せに出会った二人を永遠に引き裂いたシンナーが憎い」

「シンナーのためたった一つの命を奪ってしまった私」

など、10代のまだ幼い少女の声だった。

こんな声が毎日留守番電話に吹き込まれていたら無視するわけにはいかない。シンナーはシリアスな問題だったが、そこに背を向けるわけにはいかなくなってきていた。5号目以降

もたびたびシンナー問題を企画に入れたが、そのたびに読者の反響は大きく、これは不定期特集ではなく、この問題を真剣に扱った連載ページを作る必要があると判断した。ただ連載にする以上、作り手側としてもそれなりの覚悟が必要になる。中途半端な提言は読者には何も響かない。本気でシンナー問題に向き合える誌面を作れるかどうか自問自答を繰り返した。暴走行為や素手での喧嘩、教師や親に対しての反抗。自分は、こうした行為はさして問題ではないと信じていた。というのもそれは一時期だけのことである程度の年齢になれば黙っていても落ち着くし、10代の躓きはその後の人生で十分に取り返せるはずだ。ところがシンナーの恐ろしさは種類がまったく違う。

シンナーは、戦後アメリカでプラモデルの接着剤を吸引してドラッグ効果が得られる〝遊び〟として10代の間で流行した。接着剤は手軽に入手できるので、日本でも１９６０年代後半から若い世代から流行りだした。１９６７年夏頃、唐突に出現した新宿西口周辺でビニール袋片手に真昼からシンナーを吸っているフーテン族（スタイルは長髪にＧパンで、不良というよりもこの時代に世界的に流行したヒッピームーブメントの影響が強く、意外にインテリ層も多かった）もこの当時大きな社会問題となり、新聞にもたびたびその様子が掲載されていた。

乱用者のほとんどが10代だったという報告もあり、「子供のドラッグ」というイメージを持つ人も多いため、どうしても軽く捉えられがちだが、実は相当な劇薬で、大阪市が発行する「シンナー乱用防止マニュアル」にも視覚障害のほか、脳の中枢神経を冒すと記載されている。また、シンナー中毒の少年たちはその後遺症で歯がボロボロになってしまう。実際、『ティーンズロード』の取材で歯が欠けている少年に出会ったことがあった。「ＳＴＯＰ！ザ・シンナー」の連載で薬物依存をサポートする施設「ダルク」に取材したときも、日本ダルク代表近藤恒夫（２０２２年没）は「シンナーが一番怖いんですよ、結局いろんなドラッグにハマっても最後にまたシンナーに戻ってしまうくらいハードなんです」とその恐ろしさを力説していた。覚せい剤など中毒性のあるドラッグを経験したとしても、最後の最後はシンナーに戻ってしまうというのは意外だったが、それだけ常習性も強いことの裏返しだろう。

もうひとつ、シンナーが怖いのは手軽に入手できてしまうという点だ。というのも、１９９０年代ぐらいまでは、新宿東口の「アルタ」近くで日中堂々と売人が通行人にシンナーを売りさばいていた。新宿警察署や新宿東口の交番も近くにあるのに、長い間、積極的に取り締まられる対象でなかったのは不思議だったが……。

繰り返し言うが、大概の暴走行為は成人になれば自然と落ち着く。だが、シンナーは違う。シンナーに限っては卒業や引退は難しいと自分は考えている。

連載は１９９１年の３月号から「ＳＴＯＰ！ザ・シンナー」というタイトルでスタートし、

この企画はページ数の大小にかかわらずほぼ毎号掲載し続けたが、大半は読者からの投稿だった。投稿全体の4割近くがシンナーに関するものだったので、かなりの割合いだと思うが、幾つか実際に送られてきた投稿を原文そのままに抜粋してみよう。

今日私の親友が死んだ、、、赤ちゃんと一緒に、赤ちゃんは生まれて3ヶ月。2人でいつもシンナー吸ってたりしてたけど、私はいつか愛する人の子供を産みたいからやめたんだ、だけど、親友はずっと吸ってて、やめたのは彼の子供を妊娠した妊娠6ヶ月の時だった。そして去年の11月女の赤ちゃんが生まれた。産まれた子は右手の指が不自由で、脳も普通より大きかった。周りの誰もがシンナーのせいだと言っていた。でも親友は頑張って育てたけど、しばらくして赤ちゃんは目が見えなくなってきた。旦那と旦那の親は「シンナーなんかやったお前のせいだ！」って親友を責め、そして離婚（中略）親友は赤ちゃんと共に死んだ。もしシンナー早く辞めていたら赤ちゃんと一緒に今も笑っていたかもしれない。だから今やってる子早くやめて欲しい。赤ちゃんに罪はないよ！

（M　1991年5月号）

私の彼のSは族の頭だったけど、シンナーがなかなかやめられず、よくラリったまま単車に乗っていた。〟俺が死んだって誰も悲しまないけど、お前一人で葬式やってくれよな〟なんてよく話していた（中略）そしてSが事故った。その夜もかなりラリって単車を乗っていて、対向車に正面衝突した。警察は自殺行為と冷たくあしらっていた。病室で冷たくなっていくSの手を私は握ってやることもできなかった。そばにいれたらいくらでも握ってやれたのに、、、プレゼントでもらったピアスがある限りSは私の中で生き続けています

（ＴＣ　１９９1年5月号）

自分の体験だけでなく、他の読者の投稿に対してのアンサーを送ってくる読者もいた。誌面を通して意見をぶつけ合うスタイルも『ティーンズロード』の特徴の一つだった。

「5月号、ＳＴＯＰザ・シンナー」の埼玉県のＡこさん、絶対やめちゃいなよ。あんた彼の分まで生きようって気持ちないの？　あんたってきっと強い子だって思うの。気合いさえあれば止められるよ「手遅れだけど」「もうすぐあいつのとこに行く」なんて書いてたけど、あんたバカだよ。あんたから彼を奪ったのはシンナーだよ、好きでもないシンナー売りと付き合ったりして、あんたの彼天国でスッゲー悲しんでいるはずだよ

（栃木県　F　1991年9月号）

投稿の大半はシンナーの影響で子供が小さい命を落とした、愛する彼が天国に旅立ってしまった、といったケースがほとんどだった。読者の大半は少女だったので、シンナーによる妊娠中絶に対する不安は他人事ではなかったのだろう。

私がシンナーを吸い始めたのは14歳のとき。一緒に遊んでいた子が持っていて、それ以来ハマってしまいました。16歳の時シンナー吸いながら原チャリで先輩を後ろに乗せ事故ってしまいました。先輩は大怪我をし、私も大怪我でしたが退院後少年院に入れられました。（中略）少年院を出ても相変わらずシンナーはやめられず、ある日家で母親と大げんかし、家の物を壊しまくりました。気付いたら母親が涙を流しながら私の頬を叩いていた。〝シンナーなんかやったらダメ、あんたの体がボロボロになる〟私は泣いて母に謝った。（中略）私はもうシンナーなんて吸いたいと思わない、私の中に新しい生命が宿っているから、、この子がなんらかの障害を持って生まれてきてもそれは仕方がない。私自身がしてきた事に対する報いなのだから

（S　1992年8月号）

「シンナーをやめたくてもやめられない」という悩み相談も多く寄せられた。そうした読者に向けて、当時の人気レディースがメッセージを送るという企画もまた『ティーンズロード』ならではのものだった。彼女たちの定番の回答は「将来子供を産むのに影響が出るから止めようね」というものだった。今の話ではなく将来、お母さんになった時に困らないように、という視点の説得力のある回答もさることながら、当の彼女たちも過去シンナーで悩んだ体験もあるために、ヘタに大人が回答するより心を動かされた読者も相当いたはずだ。もちろん、一連の脱シンナーキャンペーンで10代のシンナーの吸引率が減少したなんていう事実はないし、それは不可能なことだったと思うが、連載にしたことで少しだけ変化も生まれた。本誌が執拗《しつよう》に「ＳＴＯＰ！ザ・シンナー」企画をやるので、取材先で出会うレディースや暴走族たちからこんな言葉を聞くようになったのだ。

「『ティーンズロード』はシンナー反対だから、取材の時はシンナー厳禁にしています！」

「取材の時」というのが正直すぎるが……。ただ、「取材の時」だけでもシンナー厳禁というのは、『ティーンズロード』のキャンペーンも少しは効果があったのかもしれない。〝10代のシンナー撲滅！〟を実現することができたらそれは素晴らしいことだが、正直なところ雑誌の役割としてはこれで十分だったのではないだろうか。どこまで行っても商業雑誌だし、正しい道しるべを示すことを目的とする道徳の教科書ではないわけだから。

シンナー問題以外にも読者が主役のページは他にもあった。ティーン向けの雑誌だから投稿が多いだろうと創刊前から想定はしていたが、実際はその予想をはるかに超えていた。「ワンハートメッセージ」、「ティアーズダイアリー」、「HOT TEL」。

これらはいずれも読者投稿から成り立っているページで、創刊2号目からほぼ毎回掲載したコーナーだ。「ワンハートメッセージ」は主に少女ならではの友情、家族、学校、いじめ、10代の妊娠、中絶などの投稿が中心だった。「ティアーズダイアリー」はタイトルからも連想できるように、基本は恋愛、失恋の悩みだった。今も昔も、10代の女の子の悩みの多くは恋愛にまつわることだ。前述したように「HOT TEL」は24時間の留守電で、ここに吹き込まれたリアルな声（メッセージ）を活字にして誌面に掲載した。

留守電に吹き込まれた声はヤンキーや暴走族のものもあったが、それよりも〝普通の〟10代の子たちが圧倒的に多かった。

「毎日退屈、レディースみたいに刺激的に生きているのが羨ましい」

「ヤンキーって思ったように行動していてかっこいい、私にはそんな勇気がないから」

メッセージの多くは、自由を身にまとったように見えるレディースに憧れを抱く普通の女の子だった。

だが、中には悲痛な叫びもあった。

「彼に振られた、もう生きていける自信がなくなったよ……」「彼氏は暴力を振るうし、親とはうまくいかないし、この先、生きていてもしょうがない」と自殺をほのめかす声も吹き込まれていた。当初は吹き込まれた声だけを文字にして掲載したが、後にスタッフが補強され、この読者からの声に対して編集部なりのコメントも掲載した。これは手間暇のかかる作業だったが、当時のスタッフの、誌面にかける熱意の賜物だった。回答してくれたのはたびたび記述したFとイマイ君だった。

イマイ君は年齢が一番読者に近いので、回答も友達感覚だったが、Fは親身な回答が多かった。恋愛や妊娠に対する声を選んで積極的に回答していたのも同性であるFの問題意識の表れだったとも思う。いずれにせよ留守番電話のリアルな声というのは活字で投稿されるハガキ以上に切実さが感じられたので、回答する側も自ずと真剣になったのだ。実際に「ＨＯＴＴＥＬ」に寄せられた電話の内容と編集部のコメントを抜粋してみよう。

☎　千葉県の女の子です、2月14日には絶対Kくんに告白します

編　もう過ぎちゃったけど、どうなった？

☎　今、彼氏と同棲してるんですけど、今日もまた帰ってこないんですよね。もしあいつに手を出す女がいたらブチ殺そうと思います

編　まぁ、落ち着いてあまりヤケを起こさないでね

☎　もう少しで卒業式、卒業式の日は派手にやってやるからな、先公見てやがれ

編　ここには先公いないんですけど、どうしよう

☎　三河遠州女番連合、6代目安城支部よろしく！

編　よろしく

☎　中学2年のまりです、マブダチがグレちゃってしかも形だけのヤンキーです、元に戻ってね

編　あなたが元に戻すようにしてあげたら？

☎　山口に住んでる17歳の女です、学校やめて彼と結婚します

編　幸せになってね

☎　えっと彼氏が５日も帰ってこないんです。今日も雨の中いろんなところを探してきたんですけど、いなくてとっても辛いです

編　きっと戻ってくるのを信じるのが一番だよ

☎　もう友達なんて信じられない、信じたって最後に裏切るし、うわべだけの友達だったらもういらない、結局最後は裏切るし、本当生きていくのつらい

編　あなたがどいういう形で友達に裏切られたか知らないけど、そんなやつばかりじゃないよ

☎　16歳の浦安の女の子だーい。好きな人がいてそのひとも私のこと好きだって言ってくれたのに23歳の彼女がいたらしいんだけど、ショックだな

編　つらい、、、本当につらいね。でもめげずに生きてね

編集のコメントを端的にシンプルにしているのは、できるだけ読者の声を多く入れたかっ

たのと、あまりくどく回答してもかえって読者には響かないと思ったからだ。この「ＨＯＴＥＬ」を毎朝聞くのは結構楽しみだった。読者のリアルな声を毎日聞けるというのは活字の投稿とはまた違ったライブ感覚の面白さがあった。

とはいえやはり、読者投稿こそ『ティーンズロード』の最大の魅力だろう。誌面に掲載された投稿に対して、多くの反響が寄せられ、そうした声がまた活字になり、読者同士が意見を交換し合うというスタイルはまた誌面に独特の緊張感を生んだ。

ついにアメリカの少女からも投稿が

これも読者同士が熱い意見交換をした印象深い記事だ。１９９１年8月号の「ワンハートメッセージ」に、アメリカ在住の10代のクリスという少女の投稿を掲載した。

ついに海外からも投稿が来るようになったと当時は編集部内でも激震が走ったが、クリスは日本語がわかる友人から『ティーンズロード』を見せてもらい、その内容とビジュアルに大きな衝撃を受けたようだ。そして編集部宛に「日本の10代は幼稚すぎる」とかなり強いトーンで意見を寄せてきた。クリスの手紙にあった、現状への不満に対して暴走で解消しようとする〝甘え〟と、揃いも揃って同じ特攻服を着ている〝没個性〟といった指摘は確かに一理あったが、日本語から英語へ翻訳される過程で勘違いが生まれている部分も多分にあった。おそらくクリスは〝ヤンキー〟という表現を誤解していたようだった。ヤンキーをそのままアメリカ人に対する差別用語と捉えている節もあった。

しかしとにかくクリスに対して反論する投稿があまりにも多かったので、同年の10月号で急遽《きゅうきょ》2ページの枠を使って掲載した。読者のほとんどが、同じ制服を着る校則を始め、全体行動を美徳とすることなど、日本の教育を盾に反論していたのが興味深かった。クリスの意見を分析してみると、日米の文化の違いゆえの意見のすれ違いはあったものの『ティーンズロード』読者の、とても10代とは思えない分析力と読解力の高さは意外だった。

20歳で自分の将来が決まっていないって書いてましたが、人に迷惑をかけてなければいいと思います。それから人と同じ姿で安心するのがおかしいって言ってましたが、日本はアメリカのようにものをハっきり言うと大人から生意気って見られるんですよ

（神奈川県　A）

クリスさんはヤンキーって意味がわかっていない。日本人の髪の毛は圧倒的に黒が多いでしょ。うちらは髪の毛を染めている、だから人と同じじゃないんだよね。ヤンキーは

人と違うことをしたいんですよ　（埼玉県　K）

結論はさておき、こうした読者の肉声への反応やキャッチボールは、今ならインターネットの世界で行われているが、それをパソコンやスマホも普及していなかった時代に、雑誌というアナログの世界で展開できたことがこの『ティーンズロード』の醍醐味《だいごみ》かもしれない。編集の仕事を始めて40年余り。今も雑誌を作り続けているが、残念ながらほぼ作り手の一方通行で終わってしまっている。あんな熱い読者を巻き込んで誌面を作る経験はもう二度とできないだろう。

ティラミスを知らなかったレディースたち

もう一つ、読者投稿で忘れられないエピソードを紹介しよう。前述のように『ティーンズロード』読者の大半は、特攻服を着てバイクに乗って走り回るヤンキーや暴走族ではない。ごく平凡な、普通の読者の方が多かった。彼女らの中には、内にこもった〝精神的なヤンキー〟と言える子も決して少なくなかった。

１９９２年11月号で、「ペコちゃん」というペンネームの18歳の少女の投稿を掲載した。

一人の読者投稿としてはかなり異例の扱いで、見開きで２ページを割いた。その書き出しは〈私は18才です。何にもしていません。まさに〝生き地獄〟のような毎日です〉
彼女の言う生き地獄とは、極度の過食症と拒食症を繰り返し、体調と心のバランスも崩れ、自傷行為にまで及んだ経験だった。その原因は中学時代に友達との人間関係で悩み、同時にかなり厳しいいじめにもあったこと。その酷い体験が彼女の心に大きな影を落とした。また、母親との葛藤の日々も壮絶なものがあったようだ。そうした心の叫びを吐露した、赤裸々な文面だったこと、そして当時としてはまだ珍しい、過食、拒食症で病んでいるということが読者の心に響いたのだ。ペコちゃんがしっかりした文章力の持ち主だったことも大きかったが、思いきって２ページを割いたことで、より読者にインパクトをもって伝わったのだろう。
その一部を抜粋する。

私には中学の頃の楽しい思い出は何一つありません（中略）私の背中に変なことを書いた紙を貼られ知らずに歩き後ろから蹴っ飛ばされ、みんなに嫌われていました（中略）昼間は毎日食パンを１斤、ご飯を５合を平らげそれでもまだ足りなくて、冷蔵庫をあさりました。吐くまで食べ続けたのです（中略）その鬱憤を晴らす対象が母でした。手当たりしだいにものを投げつけ「くそばばぁ！　しね！」という言葉を吐き身も心もボロ

ボロになっていったのです（中略）母はごめんねの一言しか言わないので私は包丁を持ち出し母を殺そうとまで思いました

こんな生々しい文章を2ページにわたり掲載した。ちょっと重すぎるかなとも思ったが、予想に反して、ペコちゃんの告白には読者から励ましの手紙が数多く寄せられた。ヤンキーでもない、たった一人の女の子の投稿記事に、ここまで反響があったのは予想外だった。編集部としてもこの反響を伝えたくて、手紙に書かれていた「ペコちゃん」に連絡してみた。突然かかってきた電話に当初はかなり戸惑っていたが、まさか本当に投稿が掲載されるとは思わなかったと驚き、激励の手紙が寄せられたということに声が震えるほど感激していた。一度編集部に遊びに来ればと軽く誘ってみたところ、予想に反してぜひ行ってみたいと積極的な答えが返ってきた。そこまでの行動力は伴っていないと思っていたので意外な展開だった。

数日後、本当にペコちゃんは一人で編集部に来た。実際のペコちゃんは、まさか過食症で悩んでいるとはわからないくらい〝普通〟の18歳の女の子だった。もともと編集という仕事に興味があったようで、その後もたびたび編集部に顔を出すようになり、それが縁で、当時人気があった某チームのレディース総長とも交流を持つようになった。『ティーンズロード』

に一通の手紙を出したことで、それまでのペコちゃんの人生では考えられないような転換期を迎えたのだ。ずっと一人ぼっちで親ともうまくいっていなかった人生が、総長から励まされたことが心の支えとなり「ペコちゃん」はこの後、アルバイトを始め、一歩大きく人生を踏み出すことになった。

ペコちゃんのように編集部に遊びに来る読者は珍しくなかった。『ティーンズロード』編集部にはほぼ毎日のように全国からレディースや暴走族の少年少女が遊びに来ていた（チーム同士がかち合わないように時間調整はしたが）。地方から来る場合、「東京ディズニーランド」に遊びに来たついでに寄るケースが大半だが、編集部に来ると、地元で取材した時とまた違う顔を見せる。

アウェー感丸出しになり〝借りてきた猫〟になるのだ。ましてや編集部に印刷関連の業者の方がいる時はなおさらで、編集者よりさらに〝まともな大人〟を感じさせる空気に気圧されるという純な顔を見せる。極めて礼儀正しくなり、慣れない敬語で挨拶をする。よく印刷関連の方から「いやー比嘉さん、こういう子たちはちゃんと礼儀正しいんですね、そこらの若者よりしっかりしてますよ」と感心されたが、ある面は正しいけれどやはりちゃんとした大人が苦手なのだ。また、せっかく遠方から来たのに往々にしてすぐ帰りたがる。ものの5分でそわそわし出す。

「東京が苦手で、地元に早く帰りたい、その方が落ち着くんだよね」

どこまで行っても地元が好きなのだ。この当時、都内にも新しいレジャー施設が次々に誕生していたにもかかわらず、東京に興味がないのは共通していた気がする。ファションやショッピング、グルメにもあまり関心がないのだ。

ある時、東京郊外のレディースが4、5人で遊びに来た。せっかく来たので編集部の隣にあるファミリーレストランで当時流行っていた「ティラミス」をご馳走してあげようと誘ったが、全く会話がかみ合わなかった。そもそも「ティラミス」を知らなかったのだ。口にすることもなく、いそいそと地元に帰っていった。東北や九州などの遠方から来たなら「ティラミス」を知らなくても理解ができるが、郊外とはいえ東京には変わりはない。テレビや雑誌であれだけ話題になっていたから知らない方が不思議なのに彼女たちは知らなかった。というより興味がなかったのだろう。

ヤンキーたちの行動範囲は狭く、その情報源はかなり偏っている。音楽や映画、ファッションなどのカルチャー的なことを受け継ぐのは地元の先輩たちからだ。１９７０〜１９８０年代の不良や暴走族はカルチャーや流行の先端を走っていた。ソウルミュージックやディスコやサーフィンにいち早く目をつけたのは暴走族の連中だった。しかし１９９０年前後からそのコミュニティーは著しく狭くなってしまう。そうすると好みの統一感は出るが雑多ではなくなる。「ティラミス」も、もしレディースの先輩が「美味いぞ」と後輩に伝授していれば受け入れたはずだ。もっとも西麻布や恵比寿でしか売っていないとなると絶対口にはしないだろうが。彼女たちは自分たちを受け入れてくれそうもない雰囲気はすぐに察するのだ。

「音楽」のページも毎号のように載せた。ミュージシャンのインタビューやレコード紹介があることにより、誌面が柔らかくなり読者ターゲットが少女であるというメッセージにもつながると思ったからだ。他社のヤンキー雑誌はほとんどが音楽にページを割いていなかった。もちろんこの場合の「音楽」はメジャーシーンとは無縁のヤンキー系の音楽だった。それにぴったりのバンドと創刊前に出会う。

創刊の準備で取材に追われていた時、『ポップティーン』のスタッフから「原宿のホコ天で特攻服に身を包んだ親衛隊を引き連れているバンドが面白いから取材してみれば」と情報をもらった。想像するだけで絵になると思い、１９８９年2月の日曜日、早速原宿のホコ天に行ってみた。「とにかく行けばすぐわかるから」という『ポップティーン』のスタッフの言葉は確かにすぐに理解できた。

明らかに他のバンドとは一線を画すバンドが、我が物顔でその空間を支配していた。紺色や黒、白の特攻服を着た暴走族風の連中が拳をつき上げて絶叫している。その拳の先で、よく見ると臙脂《えんじ》色のスーツを着たヴォーカルの男がロックンロールをシャウトしている。驚くことに、シャコタンの改造車がバンドの前に置かれていた。曲に合わせて特攻服の男がアクセルを吹かす。違法改造しているマフラーからけたたましい爆音が轟《とどろ》く。車両通行止めのホコ天に一体どうやって改造車が存在しているのか？　おそらく前日の真夜中にわざわざ先取りして車を乗り入れたのだろう。

その暴走族風の一団がどんな集団なのかはすぐに理解できた。特攻服の背中に「永心會《えいしんかい》」とか「矢沢永吉」の刺繡が目に入る。永ちゃんのコンサートでよく見かける集団で、良くも悪くもファン層を端的に表している過激集団だった（もっともここ最近のコンサートではこうした周囲を威嚇するような集団の入場は禁止されている）。明らかにこの空間だけが暴力的で危険な空気に包まれていた。他のバンドの観客はいかにもバンド大好きな、健全な匂いのする少年少女たちだった。

バンドの音もよく聞くと永ちゃんやキャロルのカバーではなく、耳にしたことのない音源だったので、どうやらオリジナルのようだった。休憩の時、ヴォーカルの男に少し話を聞けた。スーツの下は素肌で、喋り方はソロデビュー当時のまだ気負っていた永ちゃんにどこか似た興奮気味の早口だった。

「『乱』ってバンドの桑原孝雄です、『永心會』の初代会長やってました。今はこのバンドに命賭けてます、ライブは毎週ここでやってるのでいつでも声をかけてください。ついでにカセットテープも売ってますんで、よろしく、曲はオリジナルです。詩は自分で書いてます。あ、こいつらは永心會の後輩たちで、中には傷害とか暴走行為で警察からマークされてるのもいますよ」

確かにこの休憩中に、背広を着た明らかに私服刑事と思しき大人から特攻服の少年たちが職質されていた。そういうことも含めてこのバンドはパフォーマンス全体が規格外の面白さを持っていた。

唖然《あぜん》としてこのパフォーマンスを眺めていると、ふと疑問が浮かんできた。縁日のテキヤの屋台と同じで、明らかにこの一団は良い場所を陣取っていたが、どうやって場所を取ったのだろう。

「朝一番でこの場所に来て缶コーヒーを置いておくんですよ。それで飯食いに行ってまた戻って来たら違うバンドが演奏してるでしょ、そしたら、てめえ、ここ誰の場所だと思ってるんだ！　この缶コーヒーが目に入んねぇのかよ！　これで解決です」

それって恐喝では……。この「乱」は毎号のようにレギュラーで取り上げた。桑原孝雄の敬愛する永ちゃんが節目のコンサート会場で使った日比谷公園の野外音楽堂でも念願のライブを敢行するという夢も実現させた。ちなみにバックの音を相当なハイレベルなミュージシャンで固めていたのも永ちゃんの影響か……。

残念なことに桑原孝雄は２０２２年2月に病魔に冒され天国に旅立った。享年58だった。

私は母親と違って〝女〟より〝母〟を選ぶ

もうひとつ、自分が力を入れた読み物が人物ドキュメンタリーだった。

「10代ひとつの生き方」というシリーズは原稿をライターや編集部員に頼むことなく、全部自分で書いた。レディースでも暴走族でもそうでなくても、とにかく自分が気になった10代の少年少女を取りあげた。

これは当時アウトサイダーに生きる10代の人物を写真ルポで発表していた、写真家の橋口譲二の影響が強い。橋口譲二の目線はどこまでいっても優しいのだ。ベルリンのパンク少年から新宿の少年ヤクザまで、被写体を一人の人間として捉えているスタンスが好きで、創刊号が出る前に連絡を取り、実際に会うことができた。残念ながら当時、ある撮り下ろし作品に取りかかり中で、『ティーンズロード』に関わってもらうことはできなかったが、親切にも別のルポライターを紹介してくれ、そのライターはのちに何本か原稿を書いてくれた。

「10代ひとつの生き方」も紹介してくれたライターに頼むか、もしくはその代わりの人材を探す手ももちろんあったが、素材ならベルリンのパンク少年にも負けない10代と接触できているわけだから自分で書くことにした。

取材をした少年少女のことは今でも覚えている。

4トントラックのハンドルを握る19歳の少女はまた2児の母親でもあった。将来親子4人でデコトラに乗ることを夢見ていた。

暴走族やヤンキーになりたくてもなれず、やり場のないエネルギーに悶々としていた少年はプロボクサーの道を選んだ。取材当日、スパーリングで鼻血を流しながらも懸命に相手に向かっていた。

暴走族をやりながら役者の道を目指していた少年は、東映の『代打教師秋葉、真剣です！』のオーデションに受かり、出番は少なかったがそれでも映画出演の夢を叶えた。

何かを変えたくてその一歩を踏み出そうとしている10代を無意識のうちに選んでいたが、数多く接触した中でも、特に昨日のように取材の情景が浮かぶ二人の少年少女がいる。

一人目の少女、16歳になったばかりのY子の人生はあまりにも波瀾万丈だ。

かいつまんで半生をなぞっていくと、Y子の父親はその筋では名の知れた極道の組長だった。父とは幼少の頃離別し、Y子は母親に引き取られたが、母親は〝母〟ではなく〝女としての人生〟を選び、少女は施設に預けられた。多感な時期に母親に捨てられた絶望を抱え、次第に学校も行かなくなり繁華街を彷徨《さまよ》う。非行はエスカレートし暴走やシンナーに明け暮れ、14歳の時には中学の教師をナイフで刺す事件を起こした。薬物更生施設の「ダルク」に身を置いた経験もある。

そんなY子は、15歳の時に疎遠になっていた実の父親に再会する。それがこの少女の運命を変えた。そこで出会ったのが父親の組織に属する若い衆だった。やがてY子と若い衆は交際を始め、若い衆はそれをきっかけに組を卒業し堅気として生きていくことを決意する。

取材は当時Y子が住んでいた湘南海岸の喫茶店で数時間にも及んだ。海沿いのそのカフェはY子のお気に入りの店らしい。

「雰囲気がいいので好きなんです、海が見えるところも好きだし、甘いものも美味しいんです」

嬉しそうに話すY子はその半生を知らなければちょっと元気でワイルドな美少女といったところか。話す内容とは裏腹に終始笑顔だったことも印象的だった。話を聞くと小学5年生ぐらいで家出をしていたので運動会も遠足にも学校にも良い思い出は一切ないらしい。

「だって6年の時にはもう歳ごまかしてスナックでバイトしてましたし、悔しかったんで遠足のバスを原チャリで追いかけて邪魔したりしましたよ。でも学校に行ってた人には絶対負けたくない。勉強以上の人生経験したし、今こうしていろいろ話せるのも自分に自信があるからなの」

16歳で自分の人生にこれだけ自信があるからと大人に向かって話せるY子の成長のスピードはある種異質でもあるが、一つだけ少女らしい表情になったことがあった。離婚を繰り返しそのたびに男に走る母親について話した時だ。

「生まれてから一度も母親が作ってくれたご飯食べたことがないのね、誕生パーティーもやってもらったことないし、でもそれがヤンキーになった理由じゃないよ、やっぱり極道の血かな」

そう話したY子の視線は一瞬遠い水平線を見つめていた。Y子の話があまりにも劇的すぎて、取材中、話を聞きながら脳内を整理するのにかなり時間を要してしまったほどだった。どの部分を取り出しても劇的なストーリーになってしまうので、記事をまとめるのにシリーズの中でも一番苦労した。

取材当日は、Y子が愛した元極道の男もチラッと顔を出してくれた。取材が長引きそうなのを見て取って「パチンコにでも行ってくるよ」と席を後にした。顔はいかついが根は優しい人なんだろう。インタビューが当初の予定時間を大幅に過ぎても嫌な顔一つしていなかったのだから。

少女は最後に「来年の今頃、子供を原チャリに乗せて走りたい。子供は泣かせたくないんですよ、私は母親と違って〝女〟より〝母〟を選ぶ」と言った。16歳の少女のお腹の中には小さな生命が宿っていたのだ。

その18歳の少年は整った顔立ちだったが、どこか不器用そうな愚直さもまた感じ取れた。初めて顔を会わせたのは、首都圏のある駅前の居酒屋。少年は地元の有名な暴走族に入っていたが、ある傷害事件で少年院に入る。出所した後は、その有名チームを離れ、たった一人で暴走族を立ち上げた。

「傷害事件って、対立するチームのメンバーを刺したんだ？」

その質問に対する答えが衝撃だった。

「いや、普通に歩いていた人です。刺したくて刺したんです、動機は特にないですけど自分でやったことだから後悔はしてません」

少年は表情一つ変えず淡々と質問に答えた。その答えに自分は思わぬことを口走った。

「見知らぬ人を刺すなんて全然硬派じゃないじゃない。特攻服に日の丸を背負ってる君としてはどうなの？」

その言葉を投げかけてすぐにハッとした。この少年は見ず知らずの人間を刺したことがあるのだ。一瞬身構えてしまったが、少年はしばらく無言でこちらを見つめただけだった。

「でも、後悔はしてないんです」

同じ答えが返ってきたが、少年はかすかに微笑んだような気がした。この当時、少なくとも暴走族に所属する少年の傷害事件は、対立するチームとの抗争がほとんどであることは間違いなく、無関係の人間を巻き込むような犯罪はまず聞いたことがなかった。しかしついに暴走族の少年からも〝動機なき犯罪者〟が出てきたのだ。その答えを開いた瞬間、凍りつくような息苦しさを感じた。一つ一つの質問に端的に冷静に答えてくれた目の前の少年は、それまで取材してきた多くの暴走族にはない毅然とした雰囲気があったため、そのギャップに声を失う自分がいた。当然だが一回のインタビューでは彼のある断面は知ることができたが、その心の闇を理解することはできなかった。インタビューを終え、一枚写真を撮らせて欲しいと頼むと、近くの神社で撮りたいと言うので、少年の乗る軽自動車の後を付いていくことにした。取材当日も少年は、自ら立ち上げた暴走族の特攻服を着ていた。軽自動車に特攻服というアンバランスさがどこかおかしかったが、現場に向かう途中、ちょっとしたハプニングがあった。

県道の車線の反対側から車高を低くした、明らかな族車が走ってきた。少年の軽自動車がその行く手を塞いだ。当然族車が立ち止まって文句を言おうとサイドウインドーを開けるか開けないかのうちに、軽自動車から特攻服を着たその少年が勢い良く族車に向かい、激しい怒声を浴びせた。

ここで喧嘩になったら面倒だなと困惑する間もなく、その騒動は瞬時に片付いた。どうやら少年の迫力に族車の男が謝ったようだ。

「なんであの族車と揉めたの？」

「シンナー吸ってたんです。俺の地元でああいう奴は許せないんです」

シンナーを許せない正義感と、見知らぬ通行人を刺す冷酷非道な一面。彼の心の闇は数時間の取材では全くわからなかった。この少年と交流のあったあるレディースからその後の彼が、事業をうまく軌道に乗せ元気で働いていると聞いて安心したと同時に、ちょっと影のある不器用そうな横顔が脳裏に浮かんだ。

とうちゃん、自慢の刺青見せてやりなよ

号を重ねるたびに、レディースや暴走族以外のユニークな生き方をしている読者からも取材依頼が来るようになった。これは嬉しいことだった。誌面を開放しているのは何もヤンキーだけにではない。

「一家全員刺青を入れたSさん一家」を取材した日は忘れられない、最も考えさせられた一日になった。

Sさん一家は東海地方に住んでいた。一家は、中距離トラック運転手のSさんを筆頭に母親、長男、次男、長女、次女の6人家族だ。さらに実の家族以外にも、親から見放された子供たちを引き取り、育てていた。取材当日はこの一家のもとに近隣から遊びに来た子供たちが入れ替わり立ち替わり訪れていたので、まるで学校並みの賑やかさだったが、肝心のSさんの子供たちはあまり学校に行っていないようだ。

「俺がろくすっぽ学校に行かなくてすぐ働いて、ここまで来れたから、子供たちには学校なんか行かなくていい、男だったら汗ながして早く働けって教えてる。銭を稼ぐことの大事さは学校では学べないだろ。息子たちにはいずれ運送業は引き継いでもらうつもりだけど、それまでは俺も頑張るさ」

Sさんのこの独特の教育方針には子供たちも全面的に賛同していた。長男は言う。

「俺の目標は親父以上の男になることです」

「高校なんて行かない、早く親父みたいに稼げる男になりたい」と話すのは次男。次男に至っては義務教育の最中だったが、授業もそこそこにフォークリフトを操り一家の家計を助けている。長女も次女も兄弟と同じようにフォークリフトを操り、長女は「スナックみたいな店を持ちたい」と大学に行く選択肢はハナから持っていない。肝っ玉母さんも負けていない。

「うちは暴走族で走ったってタバコを吸ったってコソコソやらなければ別に怒らないよ。そのかわり陰でコソコソやったら木刀で殴るよ」

この母ちゃんの稼ぎはパチンコだ。感動したのは、両親に見捨てられた子供が楽しそうに一家に溶け込んでいたことだ。

「親に見放された私をここまで育ててくれた恩は一生忘れません」

涙ながらに話す少女もいた。家族はもとより、血縁がない子供がいてもSさん一家は常に笑い声が絶えない。ここには親子関係の断絶や、歪みなど取材している限りでは見られない。確かに、子供が義務教育の学校へ行っていないことなど問題はあるかもしれないが、Sさん一家に反論できる大人はいるだろうか。

取材が終わり帰る準備をしていたら、「とうちゃん、自慢の刺青見せてやりなよ」。Sさんが待ってましたとばかりに上半身裸になると見事な刺青が入っていた。Sさんにつられて息子や近隣の少年たちも一斉に上半身裸で自慢の刺青を見せてくれた。

「お兄さんたちは入ってないの？」

肝っ玉母さんが自分に聞いてきた。

「え、僕たちは入ってないんですよ」

「なんだ、情けない」

　Sさん一家では刺青を入れていない男はどうやら「情けない」とレッテルを貼られるようだったが、これもいろいろな意味で忘れられない一日だった。


　横浜中華街の近くにある定時制高校（現在は廃校）は『ティーンズロード』に登場した暴走族やヤンキー少年たちが多く通っていた高校だった。その生徒の一人が「今度定時制高校取材してくださいよ、え、学校にはちゃんと許可取りますから、みんな喜びますよ」と連絡して来てくれた。これは面白い取材になりそうだ。取材で会ったヤンチャな彼らが一体学校ではどんな顔を見せているのだろう、そしてこんな厄介な連中に勉強を教えている教師とは一体どんな先生なんだろうと興味は尽きなかった。中華街の喧騒《けんそう》から少し離れたところに位置するその高校は、午後5時45分から授業が始まる。

　少し前に学校に到着すると、取材依頼をしてきた少年が教室に案内してくれた。教室の中には30人ぐらいはいただろうか、少年、少女に交じってそれなりの年配の、堅気ではなさそうな強面の男性もいる。様々なバックボーンを持つ生徒の顔ぶれを見て、ここが定時制高校であることを再認識する。当の教師はまだ来ていないようで、その前に教室内で撮影したり、インタビューしたりしていたら、突然担任の教師が教室に入ってくるなり「なんだね、君たちは、誰の許可でこんなことしてるんだ！」と一喝してきた。

依頼してきた少年が何やらその教師と激しく口論し始めたが、どうやら正式に学校側の許可は取っていなかったようだ。

「ちょっとおたくたち、校長室まで来てもらえますか」

30過ぎてまさか校長室に連れて行かれるとは思いもよらなかったが、その一方で、わくわくするような、何か妙に嬉しくなっている自分がいた。校長室で温厚そうな校長先生とかなり険しい雰囲気の担任の教師に事情を説明していたら、校長室の扉が激しく叩かれた。さきほど教室にいた彼らが抗議に来ていたのだ。

「ティーンズロードの人たちには責任がないんだよ！」

「早く教室に戻してやってくれよ！」

まるで青春ドラマのワンシーンのようだ。必死に教室の扉を叩く彼らを見て、正直嬉しかった。たとえ取材できなくてもこんな感動を体験させてもらっただけで十分だったが、最終的には、学校側が折れてくれた。

「他の授業に絶対迷惑にならないようにしてくださいね」という約束で取材は再開された。

生徒の大半は予想した通り、暴走族や元極道に、右翼団体に属している少年。引きこもりだった少女。水商売を経営している女性など。経歴だけでもユニークだったが、生徒の大半が

「毎日学校に来るのは楽しいけど学校は卒業したい」「ここに来てから考えが変わった、将来経理の仕事に就きたい」「昼は肉体労働できついので授業が眠い、でも卒業したい」「いろんな族とか元ヤクザとかここにはいますが、学校では揉めません。ここの生徒という自覚があるんです」などと多くの生徒が「卒業はしたい」と希望していたのがちょっと意外だった。そうか、普通の10代は平凡に淡々と学校に通い、まるでエスカレーターに乗っているように何事もなく簡単に卒業できる。だが、ここに来ている彼らは、そもそも「学校」に通うこと自体が高いハードルなのだ。生徒が卒業を目標とするのはもっともだろう。取材の最後、怒鳴ってきた担任の教師が一言話してくれたのが印象的だった。

「ここに来ればヤクザだろうが、暴走族だろうが関係ない。教師は自分であり、勉強する気がなければ怒鳴りつける。ただ、私は定時制が好きなんだよ。こんな奴らに勉強を教えることこそ教師冥利につきるだろ」

当時よく「紫優嬢」のすえこが「『ティーンズロード』ってよく読むと結構真面目な記事多いよね、だからみんな大切に思ってるんじゃないのかな」と分析していたが、どのページも自分たちに近いテーマを扱っていたから、普段は本を読む習慣がないレディースや暴走族たちも意外に読み物ページに反応を返してきたのだろう。それはビジュアルより活字にクレームが来ることが多かったことにも表れている。

あの「スケ連」ののぶこが、連載していた「女連伝説」の2回目に思いもよらぬクレームを入れてきたことがあった。

「編集長、スケ連に〝死角〟がないってどういうことだ、死ってスケ連がなくなるってことか」

のぶこにしてみれば、その字面だけ見てマイナスのイメージが浮かんだのだろう。説明すると「そうか良い意味なんだな」と今度は深く納得してくれた。このクレームは速攻で解決したが、中には今思い出しても背筋が寒くなるクレームやトラブルも多かった。

第5章 トラブル、ハプニング、忘れられないあの夜

多摩のジェイソン

三多摩地区某団地の公園で単車の撮影をしていた時のことだった。特攻服をまとった暴走族が闇夜の中で逃げまどっている。悲鳴をあげながらその一団がこっちに逃げてきた。公園内の離れた場所でその暴走族の単車を一台一台撮影していた自分と倉科とカメラマンは、一瞬何が起きたのか理解できなかったが、すぐに彼らが走って逃げるくらいなわけだから、これは余程のトラブルが起きたに違いないと、わけがわからないままこちらも必死で逃げた。梅雨の蒸し暑い夜の草むらに大の男3人はしばし身を隠した。夜露に濡れた草が体にべったりと張り付いてきたが、それを不快と感じる余裕は全くない。それよりも得体の知れない恐怖で全身が強張っていた。

バシ！　バシ！　ギャアー！　グワー！　バシ！　バシ！　暗闇でハッキリとは見えないが、熊みたいに大きな男が暴走族を叩きのめしている様子がかすかに認識できた。竹刀らしき鈍い音だけが闇夜に響く。暗闇でよく光景が見えずに音だけが聞こえることが、よりいっそう恐怖を増大させる。

　逃げてきた特攻服の少年が自分たちに気がつき、草むらに近寄ってきた。その息はまだ荒かったが、小声で「先輩なんですが、家の前を俺らが単車で走ったのがうるさくて、気に入らなかったみたいで。でももう大丈夫です、もうすぐ行っちゃいますから、そしたらこの近くにトンネルがあるので、そこに移動しましょう。そこなら安全です」とささやいた。

　話はわかったが、本音を言えばいち早くここから立ち去りたかった。

「そういえばクラよ、新車置き去りにしてきたな」

「ついてないすネ、車に何もされてなければいいんですけど」

　この夜、倉科の購入したばかりの英国の大衆車ミニクーパーで取材に来ていたことを思い出した。

　数分くらい経っただろうか、竹刀の音が消えた。どうやら先輩の怒りは収まったらしい。この静寂に包まれた夜の公園で、竹刀で叩かれた特攻服の背中が震えているのが目に入った。この光景を見て、腕力には自信があるであろう彼らでさえ先輩には無抵抗なことがわかり、暴走族の縦社会の一端が垣間見えた。自分たちと一緒に草むらに身を隠していた少年が「もう落ち着いたので大丈夫ですよ、トンネルが近くにありますから、そっちで単車撮ってください」と言う。こんなひどい目に遭っても全く懲りていない後輩の精神力もやはり普通ではなかった。トンネルは団地の公園から数分もかからない場所にあり、皆、爆音を立てないように静かに単車を動かしている。そこまでして単車の写真を撮って欲しいという彼らの熱意は並大抵ではない。暴走族の連中にとって、命の次に大事なのは間違いなく自分が改造した単車なのだろう。

トンネルがあの公園に極めて近いのが気になったが、彼らは手際よく単車を並べた。整然と単車を並べる姿を見て、その気持ちに応えるしかないと腹をくくった。再度、一台一台単車の撮影を始めた直後だ。静寂を打ち破るような信じられないことが起きた。

バシ！　バシ！　ドス！　竹刀の音だ。さっきの巨体の男だ。狭いトンネル内なので、さらに音が響きわたる。まるでホラー映画の一場面だ。ジェイソンは実在した……。結局この後、無事（!?）に撮影は終わり、自分たちに危害が加えられることはなかった。一番心配した倉科のミニクーパーも無事だった。

普段なら撮影が終わった後は、撮影場所近くのファミレスでコーヒーを飲むのがささやかな楽しみだったが、今夜ばかりは速攻で立ち去ったことは言うまでもない。

翌日彼らの一人から連絡があった。

「先輩からの言づけです、ティーンズさんに迷惑をかけたことを謝っておけとのことです」

最後までどんな顔立ちだったかさえ自分たちにはわからなかった三多摩のジェイソン。根っからの悪人ではないのだろう……そう信じたい。

今でも用事があり近辺のインターを降りると、あの夜脇目も振らず全速力で走って逃げたことが頭をよぎる。一般的に、編集者という職業で〝走って逃げる〟ことなど、そうあるものではないだろう。

ただ、こうしたトラブルは雑誌のイメージの割にはそれほど多くはない。三多摩の件も振り返ればそれほど深刻なトラブルではなかったが、暗闇の中で姿が見えない大男の恐怖が強い印象となっていたので、今でも自分の中では忘れられない出来事なのだ。

あの手の地元の先輩との行き違いによる揉め事も、思い出せばちょこちょこはあることだった。その理由の大半がやはり現役の族の連中が地元の先輩の家の近くで騒音をまき散らすということだった。つまりあらかじめ取材の承諾を先輩に取っていないとトラブルにつながるが、ほとんどは現場で解決することだった。こういうことを何回も経験してくると、自然とトラブルに対する対処もできてくるのだ。創刊当初は取材中にパトカーが来ただけで心臓が体からハミ出るほど緊張していたものだが、それも毎回のように起きると、こちらも対応策のようなものがわかってくる。

こうした対警察とのトラブルで忘れられないこともいくつかある。『ティーンズロード』

4号の取材で福島のとある地方に行き、地元のレーシングチームを撮影していた時だ。約20台近くの派手な改造車が市内のとある高台の駐車場に集結したので、いずれパトカーが来るだろうと覚悟はしていたが、予想以上に早くサイレンが鳴り響いてきた。それも1台、2台ではない。気がつけば、6台のパトカーに取り囲まれてしまった。これはちょっと厄介なことになりそうだと覚悟したが、その時、ど派手な真っ赤な特攻服をまとった一人が、パトカーからゾロゾロ出てきた警察官に敢然とこう大声で怒鳴った。

「市内にパトカー7台しかないのに、ここに6台も来たら、今、なんか事件あったらどうすんだ！」

活字で書くと一触即発のように感じるかもしれないが、これが強い訛りのまじった言い方だったから、いまひとつ緊迫感にかけていた。さらにこの返しがまた傑作だった。

「それもそうだ、お前らあまり周りに迷惑かけないようにすぐに解散すんだぞ」

当然これも訛っていた。パトカーはさっさと退散してその後はゆっくり撮影できた。

何が言いたいかというと、確かに世間一般の常識ではこちらにも非があるわけだが、集まっただけで別に事件がその場で起きたわけではなければ、どこか大目に見るという寛容さがあったということだ。何よりまだ、この頃は規則から逸脱していたとしても人間同士、対話して落とし所を見つけるという解決策が残っていたということだ。

そういう意味でまた三多摩の思い出だが、例のジェイソン事件の翌年、地域内でもかなり大きな有力チームを取材した。単車約30台、総人数は40人近く集結しただろうか。案の定取材開始直後にパトカー、白バイが駆けつけてきたが、よく見るとかつて1970年代から1980年代にかけて暴走族からも一目置かれていたある交通機動隊だった。逃げる暴走族をあっという間に追跡するテクニックに当時の暴走族は畏敬の目すら向けていた。

「責任者はおたく？　近隣から通報があったんです、通報があれば私たちは任務ですから動きます。おたくはどこかの雑誌社でしょ、5分だけ時間あげます、5分過ぎたらエンジンを切らしてこの場から退散させてください」

なんと彼らが撮影を黙認してくれたのだ。パトカーと白バイが見守る中5分は大幅に過ぎてしまったが、なんとか無事に撮影が終了。チームのメンバーもエンジンを吹かすことなくおとなしく解散してくれた。今だったらこんなことは許されないはずだ。これも「単車で走るくらいならば」とギリギリの許容範囲として警察も大目に見てくれたのだろう。

では、警察側は『ティーンズロード』をどう捉えていたのだろうか？　ごく稀にだが、直接編集部に連絡が来ることもあった。

「◯◯県警だけど、いつもおたくの雑誌見させてもらっていますよ。ところで5月号に載っているこのチーム、取材したのはいつ頃ですかね？」

あくまでも丁寧に話してくる。雑誌を作っていること自体には警察側もある程度の理解は持っており、頭ごなしに批判されることはなかった。また、各々の警察は地元の暴走族の情報が欲しいわけだから本誌みたいな媒体はかっこうの資料になる。こちらも警察と揉めても何のメリットもないので丁寧に応じるが、取材日時はかなり曖昧に答えていた。暴走族を取り締まる道路交通法第68条の共同危険行為（2台以上の自動車または原動機付自転車を連ねて通行または並進させて、交通の危険を生じさせるまたは他人に迷惑を及ぼす行為）などは暴走した日時を特定する証拠が警察側は欲しいわけで、掲載されたチームの取材日を根拠に取り締まりたいのだ。つまりここを特定できないように編集部としては曖昧な返事をする必要があった。

少年課の警察官はある意味『ティーンズロード』の熱心な読者だったのだ。とりわけ警察組織が本誌を〝愛読〟したのは暴走行為のドキュメンタリーも多く掲載していたためだ。走行シーンのカットは共同危険行為の決定的な証拠につながるので、この手の密着ドキュメンタリーは諸刃の剣でもあった。

「ヤキ」を嬉しそうに報告しに来る

もちろんレディースに関連したトラブルもある。彼女たちに関わると、こういう〝副産物〟

も生まれてしまうということを痛感させられた出来事が創刊当初にあった。その時取材した東京近郊のレディースチームは武闘派というよりファンシーな色で改造した原チャリとカジュアルなお揃いのジャンパーに身を包み、メンバーにはアイドルなみに可愛い少女が何人もいて、誌面映えしたレディースだった。

そのメンバーの数名が掲載後にふらっと編集部に遊びに来てくれた。編集部にはほぼ毎日のように取材したチームが遊びに来るのでそれ自体特に珍しいことではない。ただ少し変だなと思ったのは身なりが随分落ち着いていたことだ。リーダーだったひときわルックスの良い少女が、取材時は茶色く染めていた髪を黒くしていたのにも違和感を覚えた。

「みんな可愛かったので結構読者からも人気があったよ、また取材させて」と気軽に声をかけたら、リーダーが口を開いた。

「それが私たち解散したんですよ、ティーンズに載った後、隣の町のレディースがうちらを潰しに来て、それでヤキを入れられて解散させられました。凄い強いレディースで、あれには勝てませんから」

「え、そうなんだ、うちの雑誌に載ってしまったからか。なんか悪いことしたね、そっちの地元まで殴り込みに来たんだ？」

「全員裸にされて公園を走らされました、でも『ティーンズロード』に載ったのは良い思い出になったし、そろそろ引退しようかとも思っていたので、悔いはないですよ」

悲惨な出来事だったろうに、なぜか少女たちが嬉しそうに話してくれたのが印象的だった。ちなみにその子たちを潰した武闘派のレディースもその数ヶ月後に取材したが、確かにこれは男の暴走族でも勝てないだろうという迫力ある総長がいて「全裸事件」のことも嬉しそうに話してくれた。

おそらくこういうトラブルは氷山の一角で、編集部が知らないだけで結構あったのかもしれない。ただ、面白いのは本来なら『ティーンズロード』に恨みを持ってもおかしくはない潰されたチームが編集部に遊びに来て、わざわざ潰されたことを報告したことだ。

推測だが多分、その武闘派のレディースは近隣では相当に鳴らしていたチームなのだろう。そこがまさか自分たちみたいな楽しげなチームを潰しに来るとは思っていなかったはずだ。逆に捉えれば、どこか認められたと解釈したのではないだろうか？　あのチームに潰されたら納得せざるを得なかったので、すっきりした感じで報告に来たのだろう。ヤキもお互いどこか暗黙の了解の範囲だったので陰惨な事件にまで発展しなかったということだ。

ヤキといえばこれも創刊当初の出来事で強烈な場面に出くわした思い出がある。東京近郊の地方都市で夏祭りがあった。そこに多くの暴走族も集結し、祭りの余興のように走りまわっていた。当然警察も出ていて現場には独特の熱気と緊張感が漂っていた。そこに一度取材したことのあるレディースも参加していたが、何やら正座させられている別のレディースがいた。何か揉め事があったのだろう。取材したレディースの総長が、正座したレディースのメンバー一人一人に思いっきり蹴りを入れていた。顔面骨折するのではと思えるほど強烈な蹴りだった。正座させられたレディースたちが鼻血を流しながらもそれでも倒れることなく必死でこらえていた。

取材慣れする前だったこともあり、これはかなり衝撃的な出来事だった。レディースのヤキがこんなに激しいとは想像外だった。この後、他の地域の夏祭りや秋祭りでも同じような場面に何回か出くわしたが、正座させられたチームは一切手出しも逆らいもしていなかった。チームの力関係に差があったのか、頭一個飛び抜けた総長に対する忠誠心なのか、とにかく暴走族やレディースが縦社会で成り立っていることを如実に表していた。

こういう光景を目のあたりにすると、やっぱり少女たちの世界であっても暴力が支配していることを知り、この先この雑誌を作り続けると何らかの事件に巻き込まれるのではと不安になった。しかし、それも最初だけのことで、本が売れてきた5号目以降、部数が伸びるに従い、こういうトラブルが読者にインパクトを与え、逆に売れ行きにつながることを実感でき、そうなるとトラブルもまた絶好のシャッターチャンスに思えてくる。ある意味慣れは人間を残酷にさせるものであると同時に、誌面の過激化にも鈍感になってくるのだ。

新潟ではこんなこともあった。あるレディースの取材だったが、このチームも結構な人数で、20人近くが集まっていた。夏の暑い盛りだったので、レディースたちの何人かは特攻服を脱いでいて、二の腕に大きな刺青を入れているのが目に入った。ここまで大きな刺青を入れている少女は過去にあまりいなかったので、このチームはかなり気合いが入っていることがわかった。

海岸近くの大きな駐車場で撮影していたのだが、気がつくと堤防の上から、数台の警察車両の馬鹿でかいサーチライトが自分たちに向けられていた。一斉に特攻服のレディースたちが蜘蛛の子を散らすように逃げ出す。まるで刑事ドラマのワンシーンのようだった。堤防から小走りにやってきた数名の警察官は逃げたレディースではなく、自分の方に向かって来る。その中の一人は歳の頃20代半ばぐらいの若い警察官だったが、妙に落ち着いた雰囲気で静かに話しかけてきた。

「責任者の方ですね、名刺をください。今夜あの連中と連絡を取り合ったのはあなたかな」

警察はどっちが主導権を持ってこの集団を集めたのかを知りたいのだ。レディースの方からと言えば、リーダー格の少女は間違いなくこの後事情聴取を受けることになる。そのためあくまでも偶然に彼女たちと遭遇したと言い張るしか逃げ道はないのだ。

「いや、自分たちはただ新潟のお祭りを撮りに来てただけですよ。偶然ここを通りかかったらこういう子たちがいたんで、面白そうなので撮影をしていたまでです。我々はフリーなんで名刺もないんですよ。今回は週刊誌に頼まれた取材なんです。『週刊プレイボーイ』っておまわりさんも知ってるでしょ」

「いや、おたくたちは『ティーンズロード』でしょ、わかっていますよ。新潟は厳しいんです。そもそもこんな深夜に未成年が親の許可なく徘徊《はいかい》してることは新潟では条例違反なんですよ。東京とは違いますから」

それでも適当にその場を取り繕っていたら、逃げ出したレディースの一人が戻ってきて「ティーンズロードさん、向こうで撮影待ってますから」と言ったことであっさり正体がバレてしまった。もっとも警察側も最初からしっかり本誌と認識していたのだが。ただ、この時も、今ならきつい処罰が下されるのではないかと思うが、当時はこれ以上大きな問題にはならなかった。

今後はうちの代紋を出さないようにお願いしますわ

警察とは真逆の組織から警告を受けたこともあった。当時の雑誌作りの工程は今と違い、すべてアナログの世界。校正は何度も紙でチェックするのだが、最後は印刷所に出張してそこで校正をする。この時代に編集を経験した人間は必ず印刷所の出張校正を経験しているはずだ。媒体によっては2日も3日も印刷所に詰めなければならなくて、間を縫って銭湯に行ったりしたものだ。食事は印刷所から弁当が支給されて、これがささやかな楽しみでもあった。印刷所によって弁当のレベルが違い、『ティーンズロード』を印刷してくれていた三共グラビア印刷の弁当は結構おかずが豪華で十分に満足のいくものだったことを覚えている。

そんな出張校正のある日、外線の電話が鳴った。この場に連絡してくるのは、ほとんどがデザイナーやライターといった関係者なのだが、受話器の声は抑揚のない聞きなれない関西弁の男性だった。先方から丁寧に名を名乗った。

それは日本最大の裏社会の組織名だった。経験上、偽物はやたら電話でふかしまくる。この電話は明らかに紳士的な対応だった。直感でこれは本物だと思った。印刷所にまで電話してきたのは何かよっぽどのことに違いない。間違っても激励の電話ではない。すわクレームに違いないと全身が強張ってきた。

「いつもうちの若い連中がおたくの雑誌を楽しみにしてます。ところで、代紋の重さってわかりますか？　あ、そうです、わかっていただければいいんですわ、おたくの雑誌に出てる子らに、うちの代紋が入った特攻服を着てる子がおるんですよ。ま、子供たちのこととはいえ、これは問題になるんですわ、わしらが子供たちのケツ持ちしてるみたいに思われてしまいますから、え、今後はうちの代紋を出さないようにお願いしますわ」

30年経った今もこの電話は鮮明に覚えている。言われてみればレディースの中に代紋をかたどった刺繡を当時多く見かけた。はったりとしてつけていたのだろうが、よく考えてみれば、組織をあげて暴走族やレディースの後ろ盾をやるわけがない。以降このありがたき警告はきつく厳守し、特攻服に入っている代紋はすべて印刷で修正した。実はページを作っている段階でも、組織の代紋はまずいかなとちらっと不安がよぎったが、まさか直接クレームを入れてくるほど大事になるとは思っていなかった。明らかにこちらのミスだ。


もう一つ、こちらのミスで忘れられないクレームがあった。それは正月明けの平日、間もなく日付が変わろうかという時間だった。珍しく自分一人だけだった編集部に、電話が鳴った。深夜に編集部に電話がかかってくることは珍しくもないことだ。シンナーでラリりながら他愛のない愚痴をこぼす読者もいるし、深夜にもかかわらず取材依頼の連絡も来る。それに24時間留守録で回っている「ＨＯＴ ＴＥＬ」には連日読者からのメッセージが絶え間なく吹き込まれている。ただ、今夜の電話は違った。

受話器を取った瞬間、怒鳴り声が響いてきた。

「お前よ、先輩から借りてた写真、借りたままだろ、いつ返すんだよ、コラ！　しかも借りたまま一度も連絡してこなかっただろ！　一体どういうつもりなんだ！」

しまった、ついうっかり引退した暴走族から半年前に借りたアルバムをそのままにしてしまっていた。忘れていたわけではなかったけれど、日常業務に追われていたのと、そのアルバムを借りた「先輩」とは何回も取材で会ってすっかり顔なじみとなり、油断もあった。

「すみませんでした、明日にでもすぐ宅配便で送ります」

「何寝ぼけたこと言ってんだよ、今すぐ返しに来いよ！　それが筋ってもんだろが！」

先方が待ち合わせ場所として一方的に伝えてきたのは、ある地方都市の駅だった。編集部から小1時間は軽くかかるだろう。当然終電だってもうないが、幸か不幸か今日は中古で購入したばかりの三菱パジェロで来ていた。首都高速に乗る前に24時間営業しているスーパーで、それなりに高価な日本酒を買った。別に手土産で許してもらおうなんて思わないが、せめてもの誠意は見せないと、こっちの気持ちにも整理がつかない。

借りたアルバムに写真の欠落がないか、何度も確認した。待ち合わせに遅れたらまた一大事なので、ためらっている時間はない。大きく深呼吸し、ハンドルを握りしめた。今でこそ懐かしく語れるが、この時、自分はもしかしたら五体満足で帰れないかもしれないと、本気で思った。携帯メールもない時代だったので、アクセルを踏む前に家に電話した。

「ちょっと緊急の用ができて帰りは明け方になるかもしれないので、先に寝ててよ。キミちゃんはどうしてる？」

羽の色が黄色だから単純にそう名前をつけた、飼って間もないセキセイインコが気になった。犬猫は飼ったことがあるが、小鳥は初めてだった。最初は軽く見ていたが、思ったより人に馴染んでいて、こんな小さな体のどこに人間に懐く能力が秘められているのだろうと、日々感動していた頃だった。セキセイインコと再会できるのだろうか？　自分の身に危険が起こるかもしれないのに、一番心配したのが家内でもなく小鳥というところが、自分の根底に流れているであろう滑稽《こっけい》な心理状態が不思議でならなかった。

深夜の首都高速は空いていたので、このまま行けば待ち合わせに遅れることはない。少し安心したのか心が落ち着いてきた。もう一度ハンドルを握りしめ、気持ちを奮い立たせるために大好きなヤクザ映画『実録安藤組』シリーズのセリフを心の中で繰り返しているうちに、少しずつ覚悟ができてきた。

指定された地方都市の駅は、閑散としている。駅前のロータリーの居酒屋が数軒明かりを灯している。借りた先輩ではなくクレームを入れてきた後輩たちが駅に来るようだが、それらしき姿はまだ見られなかった。多分2、3発は殴られるだろうな。緊張で体が強張ってきたのを感じたちょうどその時、シャコタンの黒いセダンがロータリーに入ってきた。

多分あの車だろう。予感は的中した。車の中から出てきたいかにも不良っぽい３人組が、自分に近づいてきた。ここまできたらもう腹をくくるしかない。

「今回は申し訳ありませんでした、お借りしていたアルバムです。あ、それとこれはほんの気持ちですので納めていただけたらです」

思った以上に落ち着いて話せたが、それでも体が小刻みに震えているのがわかった。３人のリーダーらしき男がアルバムを受け取ると、こう言った。

「そういうことはしなくていいからよ、借りたものは速やかに返すのが筋だろうし、それによ、先輩に年賀状の一枚もよこしてないんだろ。それって人としてどうなのよ」

新年を迎えたばかりのまだお目出たい時期に、二回り近く歳の離れた若い不良から人としての正しいあり方を説教されている。しかも、反論する余地はない。返していなかったのは事実なのだから。

おまけに一向に酒を受け取る気配もない。一体いつ自分は解放されるのだろう、それともどこかに拉致されるのだろうか？　さらに不安が増してきたら、

「ま、おたくもすぐに返しに来て誠意は見せてくれたから、もういいよ。これからも兄貴分と良い付き合いしてやってよ、そこの居酒屋で飯でも食うか？」

「いや、車で来てまして、今、雑誌の進行が佳境で、すぐに戻らないとならないんです」

「そうか、ま、気をつけて帰れよ、この酒はもらっておくわ」

帰り道は法定速度を無視してアクセル全開で帰ったのは言うまでもない。


こんなエピソードを紹介していると、日々緊張しまくってばかりのように思われるかもしれないが、もちろん良い思い出もある。スタッフ一同、感激して思わず涙腺が緩んだこともあった。5号に掲載した宮崎の「舞夜妃《まいやみ》」を取材した時のことだった。四輪の改造を中心としたレディースのレーシングチームだったが、南国の暖かい陽気のせいもあったのだろう、チーム全体にほのぼのとした空気が流れていて好感の持てるチームだった。リーダーを中心にまとまりがあり、何より皆明るく、終始笑いの絶えない珍しい取材だった。

取材の後、メンバーの馴染みのキャバクラで飲もうと誘われた。それ自体嬉しい誘いだったので、心ゆくまで南国の夜を満喫しようとしたが、途中でふと不安がよぎった。

こちらは自分と倉科とカメラマンの3人、「舞夜妃」のメンバーは6、7人は来ていたはずだ。全部で10人近くの大所帯。彼女たちに支払いは任せられないので、ここはこちらが支払うしかない。いくら地方のキャバクラとはいえ、これは優に2桁コースだと、急に現実に引き戻された。不安だったので念のため途中で、一応いくらになるか計算してもらったら、その辺のラーメン屋で飲んでいるのと変わらない激安価格だった。

多分、「舞夜妃」の顔が利いていたのだろうが、これで一安心。そのあとは十分に宮崎の夜を堪能した。

翌日、飛行機のフライトまでかなり時間があったので、せっかくだからと、宮崎の海で遅い夏休みを堪能した。前述したようにこの号が発売される前まで思ったほど売れ行きがよくなかったため、社内では「廃刊したほうがいいのでは」という声も出ていた頃だった。この宮崎取材はそういう意味でもしばしの現実逃避になっていた。昨晩の酒といい、こんなに楽しかった取材はこれまではなかった。しかし、宮崎空港に着く頃には心が沈んでいた。空港内のカフェでしばらく時間を潰す頃には自分も倉科も浮かない表情だった。明日からの厳しい現実をどう乗り切ろうかと。

フライトの時間が来たので、搭乗ゲートに向かうと、ゲート近くに「舞夜妃」のメンバー6、7人が目に入った。

「間に合ってよかった。地元のお土産とお酒です、本当に今回はありがとうございました」

何人かはうっすら涙ぐんでいた。帰京のフライト時間は伝えていなかったので、空港内でずっと待っていてくれたのだろう。手土産を持たされたからというより、その健気さに感激した。

機内で「帰りたくないっすね、もっといたいっすよ」と言った倉科の目は真っ赤に充血していた。もちろん同じ気持ちだった。東京に戻ったら「廃刊」の二文字に怯えるのだから。

ところが「舞夜妃」を取材した５号は前述したようにすえこの「紫優嬢」効果が効き、ほぼ完売して『ティーンズロード』は生き残ることができた。

第6章
レディースの歴史
フケ顔から〝可愛い〟へ

スナックのママさん顔の不良少女

レディース、もしくはレディィス。表記的にはどちらも間違いではないが、本書ではより口語に近いニュアンスである「ー」を入れる記述にしている。『ティーンズロード』は主に〝レディス〟と「ー」無しの表記の方が多かったが、彼女たち自身は「ー」が入る言い回しをよく使っていた。

レディースという言葉を誰が最初に言い出したかは不明だが、おそらく新聞社の記者ではないかと推測する。「暴走族」のネーミングは朝日新聞の記者が記事で使ったのがそもそものルーツではないかと伝えられているが、「レディース」という単語も1970年代後半の新聞記事の社会面でいくつか確認することができる。

出版の世界においても、英語表記だが1979年から1980年に暴走族本をいち早く世に出した第三書館がシリーズ第7弾としてその名もずばり『Lady's』という女暴走族写真集を出している。大陸書房からも『爆走レディィス』が1980年に出版されている。余談だが『ティーンズロード』の発売元だった大洋図書からも暴走族写真集『叫び』が出ているが、その第2弾『叫びⅡ』は女暴走族を追跡したドキュメンタリーだった。

メディアの世界では１９７０年代後半から「レディース」という言葉が浸透していたことが見て取れるが、それ以前にも暴走族に属する少女は存在していた。例えば暴走族草創期の１９７０年代前半の時点で７５０㏄の大型オートバイいわゆる「ナナハン」を颯爽《さっそう》と操る少女も幾つかのチームで名物のように実在しており、中には女性週刊誌に登場した名物女暴走族もいた。しかし女だけのチームとなると、そう簡単には結成できない暴走族なりの掟や決まりごとがあるのだ。

特に全国的に名を上げた有力チームは男が中心になるので、そこから女だけのチームが独立するというのは難しい。喧嘩抗争を売りにしている武闘派の暴走族ならばなおさらだ。集会で女がいると足枷になるケースが多々あるからだ。

では女だけのチームはいつ頃登場したのだろうか？　１９８１年の「警察白書」には「女子の暴走族が激増した」という内容が書かれているが、その始まりはもう少し前、おそらく１９７０年代の中盤から後半ぐらいだろう。第三書館や大陸書房、大洋図書のレディースの写真集はこうした社会現象にいち早く目をつけたわけだ。発売時期から推測すると取材したのは１９７０年代半ばから後半ということになるので、やはりチームとして登場してきたのはこの頃になるだろう。

　面白いのはチームとして活動するようになると、大型、中型バイクではなく原チャリが圧倒的に多くなるのがいかにもレディースらしい。もちろん個々では中型バイクぐらいは操れるメンバーもいただろうが、集団で暴走となるとやはり限界があり、どうしても取り回しが楽な原チャリが主流となるのだ。前述したようにレディース登場以前にはナナハンを操る強者もいた。そういう彼女たちが女だけでチームを結成しなかったのはやはりチーム全員が大型、中型バイクを操るのには無理があったからだろう。あの「紫優嬢」４代目総長だったすえこも「集会の時は男の暴走族と一緒の方がスムーズに走れるんだよね」と話していた。

　では暴走族草創期に大型バイクを操った少女たちはどこがルーツだったのだろう？　それはおそらく１９６８年頃に新宿西口に集まりだした「新宿カミナリ族」にありそうだ。

　もともと「カミナリ族」は１９５０年代半ばに東京近郊や全国の大型都市に出現した、オートバイを乗り回す青少年たちの総称だった。終戦から10年ちょっとのこの時代。ようやく戦後の荒廃から立ち直り、生活にも少しうるおいが生じつつあった。とはいえテレビもまだ限られた家庭だけが持てる高級品だった時代だけに、オートバイはかなりの贅沢品だった。ここに手を出せた生活レベルの高い青少年たちがオートバイのスピード感に酔いしれたのは当然といえば当然だった。

ただ、この「第1次カミナリ族」はブームの終焉も早く、「第2次カミナリ族」が登場するまでには十数年の隔たりがある。全国的なブームになるには、昭和30年代はまだまだオートバイは高嶺の花だったのだろう。

再びカミナリ族が列島を騒がせ始めたのは1960年代後半だった。日本人の生活様式も1950年代に比べてはるかに裕福になり、高値だったオートバイも決して手の届かないものではなくなってきた頃で、名古屋、富山などの都市部でカミナリ族がサーキットまがいの暴走で走り回るようになる。東京では新宿西口近辺にカミナリ族が集結し始めた。

なぜ新宿西口に集まりだしたのかというと、この時代の新宿西口はまだ高層ビルも建っておらず、大きな浄水場跡地と、新宿中央公園が広がるだけの、いわば格好のサーキット場だった。ゼロヨンで競うにはもってこいな空間だったのだ。

彼らはバイクの運転や改造、メカニックに命を賭けていたいわば走り屋的な青年たちだった。地元も皆バラバラで、喧嘩や抗争の類はほとんどなく、純粋にバイクと走りが好きな集まりだった。また、ファッションセンスも独特で、その姿を捉えた写真集『新宿カミナリ族』（第三書館）からは革ジャンパーとかミリタリーファッションを愛用し、女性もGパンやジャケットなどどこかアメリカンスタイルを好んでいる様子が見て取れる。世代的にはまだファッションよりも学生運動の名残がある頃だっただけに「新宿カミナリ族」は当時としてはそれなりにお洒落な連中だったのだ。

レディースの歴史に話を戻すと、この「新宿カミナリ族」にも女で大型バイクを操るスピードマニアが何人かいたが、残念ながら彼女たちが大型バイクを自由に乗り回していた時代は意外に早く収束してしまう。「新宿カミナリ族」の時代は長くは続かなかった。その終焉は唐突にやってくる。次第に群衆を巻き込んでの騒乱ぶりが目立つようになった結果、当局が厳しい取り締まりを敢行し、新宿西口をオートバイ進入禁止にしてしまったのだ。追われた彼らは青山墓地、日比谷公園、千駄ヶ谷周辺とその活動拠点を移していくが、新宿西口のような熱いノリは二度と戻っては来なかった。


1970年代後半には千葉県広域と都内江戸川区、江東区などの下町に一大勢力を誇っていた「キラー連合」が現れるが、その実質のリーダーはある一人の少女だった。走り中心というより喧嘩上等な武闘派連合体だった「キラー連合」をまとめあげていたのだから、これはレディースというより暴走族史上でも別格な一人だろう。この少女のことはルポライターだった戸井十月の『シャコタン・ブギ』（角川文庫）にドキュメンタリーとして描かれている。

また、1970年から1980年代にかけてはレディースもさることながら「スケバン」と「ズベ公」（その語源やルーツは定かではないがテキヤなどの不良連中から出た言葉との説もある）

がストリートを闊歩していた時代でもあった。いわゆる高校に通う不良少女だ。昭和40年代に入ると高校進学率は急速に上がり、文部科学省の調査によれば昭和40年には全日制の進学率は70％となっている。当然進学する生徒はみんなが優等生ではない。中には落ちこぼれて遊び仲間と出会い、次第に道を逸れてしまう少女たちも生まれてくる。

事実この時代、「スケバン連合」や「ズベ公」集団の傷害、リンチ事件が新聞を賑わせていた。映画も「スケバン」「女番長」ものがスクリーンを賑わせた。1969年には日活の『女番長　仁義破り』が公開され翌年にはシリーズとなる『女番長　野良猫ロック』がヒットする。もっとも映画はエロ描写も多く男性向けで、リアルなスケバンたちがこの映画を好んでいたわけではないが。

また、書籍でもヒットしたものがある。タイトルはズバリ『スケバン』（前原大輔著　双葉社　1972年刊）続編も刊行され異例のヒット作となった。現実の世界も虚像の世界も「スケバン」「ズベ公」が町中を我がもの顔で歩いていたのだ。

そのスタイルもまた独特で、学生服のスカートをくるぶしあたりまで長くするロンタイといわれる校則違反のスカートに、薄いぺちゃんこな学生鞄。持ち手には赤や白のテープを貼る（彼らの間では赤は喧嘩上等、白は軟派を意味する）。中には二枚刃のカミソリ（二枚刃で切られると傷口がふさがらないと噂された）を仕込んでいる強者もいる（カミソリケイコという都市伝説のようなスケバンが各地で話題となったが、実在していたとの説もある）。髪は赤く染め、眉はこれでもかと極細。これで校内や街をかったるそうに歩く。このかったるそうに歩くことも重要で、元気に跳ねるように歩くのは真面目な子として逆にバカにされるのだ。

その出で立ちはまるでスナックのママさんそのものだ。素顔は美人なのに幼くは見られたくない。これがこの当時はかっこいい不良の証だった。また当然、スケバンたちは学校を出て地元に帰ると地元の暴走族の集会に顔を出すようになる。もちろん中には女だけのレディースに参加することもあるだろう。つまり、１９７０年代から１９８０年代のレディースの多くは〝一応は〟高校に通っていたのだ。

特筆すべきはこの１９７０年代から１９８０年代前半の不良少女たちと『ティーンズロード』に出てくる１９９０年代のレディースには明らかに異質な点が幾つかあることだ。１９７０年代から１９８０年代前半のレディースは一言で言うと、年齢より老けて見えるのだ。化粧やファッション、ヘアースタイルは、「スケバン」「ズベ公」同様、地方のスナックのママさんそのもので、美形は美形だが、どこか近寄りがたいオーラを醸し出している。「渋くて怖い大人の女」に見られることがこの当時は理想の不良だったのだ。

これはこの時代のアイドル歌手や女優にも見られる。分かりやすいたとえでいうとデビュー当時の山口百恵はとても中学生には見えなかった。これが１９８０年代後半から１９９０

年代になると、〝美人だけど老けている〟から、どちらかというと年齢より幼く見えて、そのスタイルは必ずどこかに「可愛い」という演出が入ってくる。〝可愛いけどちょっと怖い〟ということだろうか。『ティーンズロード』に載った少女の多くもそうだったが、髪型もワンポイントで花の飾りを入れたり、特攻服の刺繡も演歌の歌詞のような長ったらしいのが流行る（命枯れるまで男一人〇〇を愛します、咲いて散るのが我が人生　地獄で咲かせて天で散るなど）。もう完全に漫画の世界だ。

１９７０年代から１９８０年代の特攻服の刺繡はせいぜい日の丸に憂国とか愛国とか極めてシンプルだった。色も黒か白がほとんどだが、１９９０年代は赤、ピンク、紫と色使いも派手になり、どこか必ず幼さを微妙に取り入れるスタイルが主流になる。レディースの商売道具でもある原チャリもワンポイントの可愛いリボンだとか、Vサインのミラーだとか、色使いもパステルカラーを取り入れたり、パッと見もファンシーで少女らしいものが多かった。１９７０年代から１９８０年代の原チャリがほぼ黒一色の無機質で、可愛らしさは皆無だったのとは雲泥の差がある。

そんな中で、前述した「三河遠州女番連合」、通称「スケ連」のネーミングはそういう意味でも絶妙なセンスを持っていたと思う。１９９０年代にも活動していながらあえて「スケ連」というアナログチックで硬派なチーム名は、それだけで印象的に聞こえてくる。

「可愛い」が台頭して来たのは学校も同じだった。1980年代半ばを過ぎると、校則の厳しい影響もあってかロンタイは廃れ、ぺちゃんこな学生鞄も学校指定のリュックやバッグに変更される。もう赤テープも白テープも不良遺産認定の世界となる。男も女もこの時代の不良はどこか幼い。喧嘩が強くてただ粗暴なだけでは同世代からの支持は得られなくなってきたのだ。

フケ顔から可愛いに変化した理由はその時代のカルチャーや校則の厳しさなどだけではなく、同世代の目が変わってきたことが大きい。スカートは逆に膝上とパンツが見えるのではと男子生徒がドキドキするくらい短くなる。短いほど可愛くて目立つので、目立つことが大好きな不良少女の琴線に触れ、長いスカートをあっさり脱ぎ捨ててしまう。

〝可愛い〟が不良に取り込まれ、「コギャル」が誕生した歴史的な瞬間だった。

コギャルの台頭とレディースの衰退

「可愛い」はまず都市部を瞬く間に席巻したが、地方にくまなく浸透させたのはやはり『egg』の影響が大きい。では、『egg』サイドから見るとヤンキーとはどこが違うのだろうか？『egg』の副編集長でのちにその男性版の『men'segg』の編集長を務めた木村圭介（現リイド社『コミック乱』編集部）にギャルとヤンキー少女の共通点と相違点を語ってもらった。

「共通点はお互いに目立ちたがり屋で集合写真が好きなところですね。違いは明白で、ギャルは基本肌が日焼けして黒いですね。ヤンキーは白ですよね。この違いは大きいです。肌が黒い方がカッコよくて可愛いというのは安室奈美恵や飯島愛の影響もあると思いますね。マインド的には似てるところもありますが、やはりヤンキーは怖い印象ってイメージが強いですね」

ではコギャルに10代の覇権を奪われていくヤンキー少女が、目立つためにコギャルに転身したケースはなかったのだろうか？

「自分の知る限り元ヤンのコギャルはいなかったように思います。ま、わからなかったってこともあるかもしれませんが、センター街にはいなかったですね」

個人的な見解だが、ヤンキーはコギャルを意識したがコギャルはあまりヤンキーに関心がなかったようにも思える。時代の先端を歩いていた余裕なのか、また他人はどうでもいいというマインドが影響していたのかもしれない。

一方で何人かの総長に世間で話題になってきたコギャルの印象を聞いたことがある。

「チャラチャラ遊んでいるような子に比べればうちらの方がよっぽどマシだよ」「何言って

るかわからないし、スカートあんなに短くしてよく街歩けるよ、こっちの地元じゃ全く考えられない」「学生で遊んでるんだろ、こっちは中卒でもう働いてるから、気合いが違うんだよ」

なかなか手厳しい答えだったが、逆に言うとヤンキー少女はそれだけコギャルを意識し、こと目立つことに関しては自分たちの牙城が崩されてきている危機感を覚えていたような印象を受けた。

『egg』が創刊され、ブレイクした1995年以降、全国的に少女はガングロになりルーズソックスが完全に特攻服を凌駕する。

ただ、ヤンキー少女は否定していたものの、お互いに似ているところは少なからずあったと思う。

『ティーンズロード』を離れた後、ある雑誌で当時話題だったガングロ少女やセンター街のチーマー少女にインタビューしたことがあったが、話す言葉の違いは多々あったものの、やたらと自信がみなぎっている姿勢はヤンキーと似ていると思った。とりわけチーマーの少女は「チームの掟」や「仲間のためなら」とどこかで散々聞いたことのあるセリフを口にしていた。要するに目立って人の上に立つと自然とリーダーっぽくなってくるのだ。地方のちょっとレールを踏み外した少女と渋谷センター街という大都会のちょっとレールを踏み外した少女は交わらなそうでいて、微妙に交わっているところがある。

こうした不良やヤンキーの歴史を語る上で欠かせない版元がミリオン出版なのだ。たびたび説明したように『ティーンズロード』の版元でもあるが、その廃刊後も『egg』から『men'segg』（不良というよりナンパ系だがそれでも優等生ではない　1999年創刊）に引き継がれ、平成の半ばには「シン・ヤンキー」とも言える「オラオラ系」の『SOUL Japan』（ソウルジャパン　2009年創刊）、その女性版『SOUL SISTER』（ソウルシスター　まさしく2000年代の『ティーンズロード』2011年創刊　誌面を飾ったのは特攻服ではなく、より都会的に洗練されたヤンチャ系少女たち）。

また系統は少しずれるが実話系の『実話ナックルズ』（2001年創刊）と、他の版元には見られないアウトロー系の雑誌を次々と出し続けた。一時ミリオン出版といえばちょっと世間的にはヤバイ危険な版元というイメージを持たれていた。その先陣が『ティーンズロード』なのだが、別に系統を引きずるラインを社内的に打ち出していたわけではない。自分もそうだったが、やる気があり売れそうならなんでも自由に作れた社風から結果的にアウトロー雑誌が次々と後に続いていったというだけだ。

編集もアウトローが好きというより、面白そうで売れそうだから作ったというスタンスだった。前出の木村圭介が当時を語ってくれた。

「なんでもありな自由な雰囲気がありましたね。言い方は悪いですが当時は社内のコンプライアンスが薄かったですよね。編集部に平気でやばい奴らが遊びに来てましたからね。今は会社が変わったので比べられますが、全然違いますよ。ミリオン出版、面白すぎです」

良くも悪くも常識にこだわらない社風だった。そんなミリオン出版だが２０１８年12月１日、大洋図書に吸収合併された。

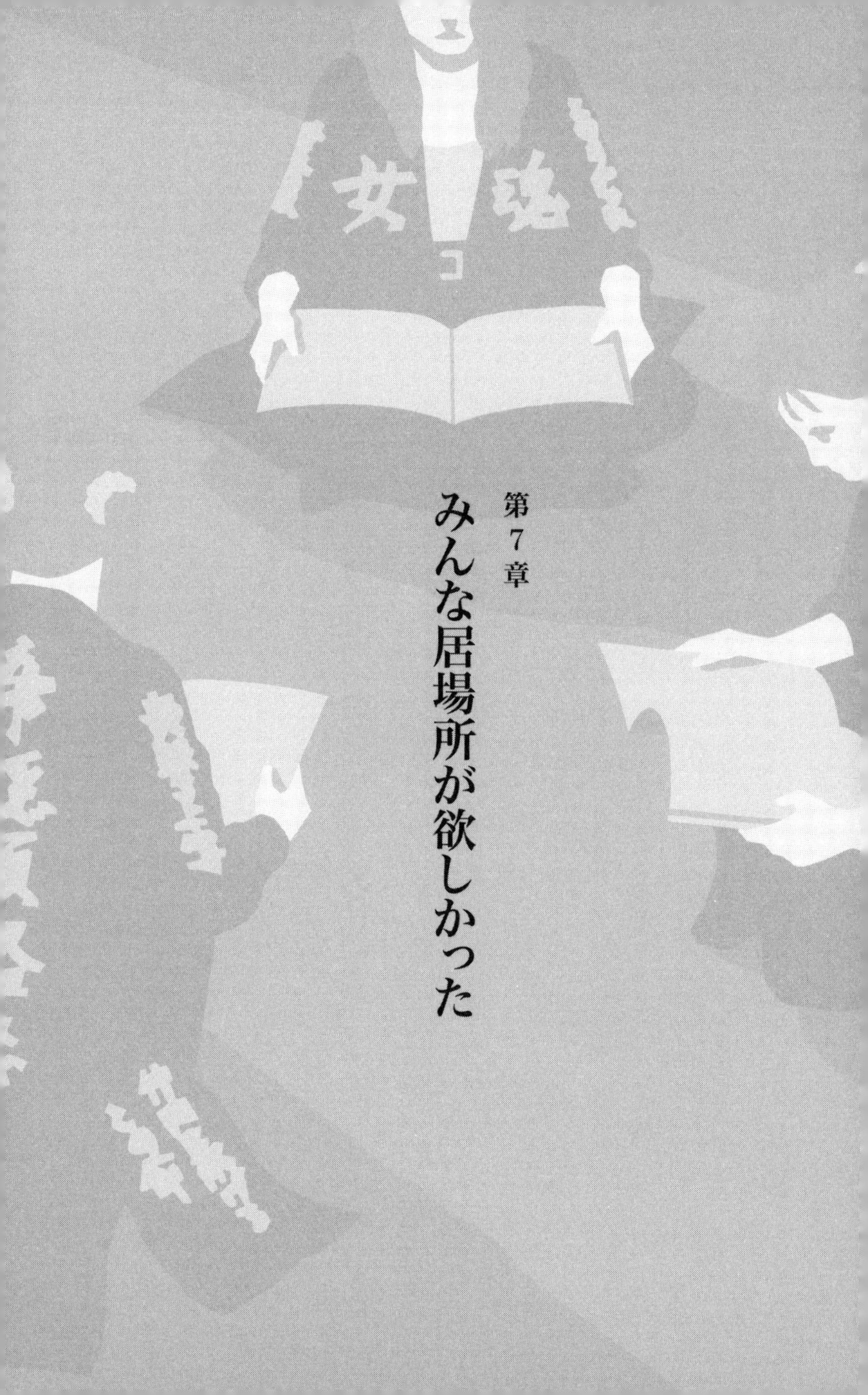

第7章 みんな居場所が欲しかった

ユーミンと〝共演〟したレディース

担任の先生に紹介されたが、10歳の転校生のかおりは黙ったまま一言も言葉を発しなかった。いや、できなかったのだ。知っている日本語は「もしもし」だけだった。

台湾で生まれたかおりは4歳の時両親が離婚し、親戚中をたらい回しにされた後、母に引き取られいやいや日本に渡る。案の定その日からいじめられたが、立ち直るのも案外早かった。

「初めは台湾人、台湾人っていじめられたけど、私も気が強かったので、あんたたちだって台湾に来れば、日本人、日本人って言われるんだぞ、と負けじと言い返した」

この気の強さに加え、積極的な性格だったのだろう、遊び友達もできたので日本語もすぐに覚え、いつの間にか日本が好きになっていく。

「雪見た時、日本に来てよかったって思ったし、台湾に帰りたくないって思いましたね」

しかし人間、環境に慣れてくると、〝悪い誘惑〟も出てくるから厄介なのだ。中学に進んだかおりがヤンキーになったきっかけは、ある教師との切ない恋だった。

「中学に入学してすぐに美術を教えていた教師に一目惚《ぼ》れ。23歳で学校にホンダのＣＢＸで通っていたの。すぐアタックして単車のケツに乗せてもらい、先生のために手作り弁当持って行ってあげたり。先生の家まで行ったり。でも変な仲じゃなかったんだけど、中２の時にその先生、急に結婚しちゃって。裏切られたと思ってめちゃくちゃ泣いた」

ＣＢＸと言えば族が好きな単車なのでその先生もそれなりにヤンチャ経験ありだったのかもしれないが、結果的にかおりはこの頃からヤンキーに加速していった。

「失恋の影響は少しあったと思いますね。すぐに髪をまっきんきんにして、スカートは引きずるように長くし、族の集会とかにも顔を出すようになったの」

何度も家出してお母さんを相当困らせたらしい。

「母親とうまくいかなかったんですね、だから家にいたくなくて。私、小さい頃から母親に甘えられなくて、寂しかったんですね。下の妹とかは母親に甘えられるんです。だから居場所がなくて。それを探し求めていたんだと思います。台湾にいた頃は、ぬくもりを感じたくて母の服を抱きしめていました。愛情に飢えていたんですね。家を出て似たような境遇の友達の家を渡り歩いていくうちに、タバコも覚えてシンナーにも手を出したし、原チャリを盗んだり喧嘩したり、やりたい放題でした。でもちゃんとラーメン屋でアルバイトもしましたよ、中2だったけど、年齢をごまかして。遊ぶお金は自分で稼ぎたかったし」

ただ、そのラーメン屋に中学の先生が偶然ラーメンを食べに来て、アルバイトがバレてしまったのは笑い話だが。

当然母親は心配で必死になって家出したかおりを探す。ある日地元の駅で母親に見つかってしまい、かおりは一目散に逃げ出す。振り向くと泣きながら母親が追いかけてきていた。その涙を見てかおりが立ち止まる。母親とのわだかまりがスーッと消えていった瞬間だった。

「その時約束したの。タバコかシンナーのどっちかはやめるって、それでシンナーやめたの、だから私、この後一回もシンナー吸ってない。もちろん女族《じょぞく》の時も」

母親は次の日、タバコをワンカートン買い、かおりに渡した。母親としてはシンナーを吸われるよりはマシだと判断したのだろう。すべてダメとしなかった母親の選択は正解としておこう。

中学卒業後、知り合いの紹介でスナックに勤めるようになり、中学時代の遊び仲間や地元のヤンキー少女たちと知り合い「栃木・貴族院《きぞくいん》女族」を結成する。

「スナックで働いていた半年間は夜7時から明け方4時まで働いていたから、全然ヤンキーっぽいことができなくて、そのストレスが溜まっていたから、集会とか単車で暴走するようになったの」

ほどなく2代目の総長に抜擢された。『ティーンズロード』が取材したのはその頃だった。1991年12月号の巻頭カラーページを飾った。サラシを巻いて原チャリに跨《また》がるかおりは瞬く間に人気レディースの仲間入りを果たす。その要因の一つは間違いなくそのルックスだろう。可愛くてちょっと悪そうというヤンキーは無敵だが、実はいそうでいてなかなかいないのだ。読者から送られてきた投稿の似顔絵に一言「かおりさんキレイ！」と添えられていたのも十分に頷《うなず》ける。ビジュアルが良いこともあり、かおりはヤンキーファッションの企画やコスメ企画などの常連になって、『ティーンズロード』には欠かせない存在になる。

本人いわく、実は「女族」で活動していた頃が一番落ち着いていたらしい。

「中学時代が悪すぎて、女族はその暴れていた中学時代の仲間が多かったから、もう喧嘩することもなく、どっちかっていうと楽しくワイワイやっていた」

散々迷惑をかけた母親は娘が『ティーンズロード』に載り有名になったと喜んでいたというから、本誌も少しは役立ったのかもしれない。

もっとも、有名人というのはあながち間違っておらず、かおりは『ティーンズロード』に載った後、あのユーミンとスタジオで〝共演〟を果たす。これは月刊誌の『宝島』（この当時はシティポップスとバンドの記事に定評がある音楽誌だった）に関わっていたフリーライターから「ユーミンがレディースに興味があって〝本物の彼女たち〟とスタジオで一緒に撮影したい、できたら彼女たち自身に自前の特攻服を持ってきて欲しい」と依頼があったのだ。一瞬あのユーミンがなぜ？　という疑問も浮かんだが、協力すれば『ティーンズロード』にとっても『宝島』読者のようなサブカルチャー好きな読者を開拓できる良いチャンスにもなると思い、レディースのファッション企画の協力を引き受けた。当時『ティーンズロード』でも人気の高かった埼玉の元レディース総長の二人と一緒に「レディース代表」として都内のスタジオでユーミンと同じひと時を過ごすという貴重な経験をした。

この時のエピソードを二つばかり紹介しよう。

かおりは当日時間に遅刻してあの天下のユーミンを待たせてしまった。まず普通はあり得ないことだが、さすがユーミン。懐が深く何事もなくニコニコと迎え入れてくれたらしいから、やっぱり大物は違う。もう一つ。撮影終了後、マネージャーに「ユーミン知ってる？」と聞かれて「知ってますよ、結構良い歌、歌ってますよね」と返したらしい。この後も苗場のコンサートに招待されたりと交流は続いたというから、このエピソードもまた、さすがユーミンということだろう。

かおりは芸能界と縁があったのか、この後、CDデビューも果たした。ビクターがレディースに興味を持ち、本物のレディースだけでユニットを組みCDデビューさせるというプロジェクトが立ち上がって、倉科が担当となり「鬼風刃《きふうじん》」というユニットが結成されたのだ。

メンバーはかおりを含めて5人。いずれも元レディースのメンバーという異色のユニットだった。

シングル『風の行方』をリリースし、アルバムは2枚。ライブも数回実現し、それなりに話題になったものの、残念ながら大きくブレイクすることはなかった。

「事務所も解散したり、うまくいかなかったね。で、その事務所に自分たちの特攻服も置いたままにしてたから、あのメンバーの誰も手元に特攻服がないのよ、それは残念だけど、『ティーンズロード』には出てよかったですよ。いろんな経験や体験をさせてもらったし、女族のメンバーともたまに地元で飲んだりします。良い仲間です」

そんなかおりは今、パソコン教室でインストラクターの仕事に就いている。元レディース総長とパソコンとは意外な組み合わせだが、実は人生をパソコンに救われる。

芸能界からも離れて銀座のクラブで働き、夜の世界を経験するが、当時付き合っていた男性と心が通わなくなり、精神的に落ち込んでいた時のことだった。

「もう完全に引きこもり状態で、気力も失せてしまって。このままではまずいなって思った時にパソコンいじってると無心になれる自分がいて。それで40歳でパソコンデビュー。教室に通って、一心不乱に覚えた。ゲームをするとかじゃなくて、エクセルとかも覚えて、どんどんのめり込んでいったの。そうするといろんなことができるようになって、気がついたらインストラクターの資格も取って、教える楽しさも知ったの。教室は高齢者の方もいるんですが、頑張れば絶対できるようになるから、私も始めたの40歳からだよって言って教えてる」

２０１９年の暮れ、コロナ禍の前にあるイベントで久し振りに再会した。その雰囲気は元芸能人か、銀座のクラブのママといった佇まいで会場でもひときわ目立つ存在だった。早くに結婚して残念ながら離婚も経験したが、シングルマザーとして育てた二人の子供ももう成人になり、たまに趣味のゴルフを楽しんでいる。そのスタイルと出で立ちも出会った頃よりさらに美しさを増しているから驚きだ。

街ですれ違っても彼女が元レディース総長とは想像がつかないだろうが、数ヶ月に一回ぐらい、昔の顔が役立つ時がある。大洋図書の「ナックルズＴＶ」というＹｏｕＴｕｂｅの動画でかおりがゲスト出演するとかなりの再生回数を稼ぐのだ。

「なんでそんなに再生回数行ってるかは私はよくわからないんですよ」

そうは言っても依頼されれば動画に協力してくれているので、それなりに面白さは感じているのだろう。動画の編集に携わっているのはかつて『ティーンズロード』のスタッフだった倉科。『ティーンズロードビデオ』のプロデューサーだっただけに動画の肝をよく知っているということも再生回数が上がっている要因の一つだろう。

「不思議と若い子からの受けが良いんですよ、かおりちゃんが地元の旧車會《きゅうしゃかい》（元暴走族のメンバーが多くその時代の単車や車が好きな集まり）を紹介したりすると凄いバズりますね。かおりちゃんが単車にエンジンかけただけでもバズりますし。やっぱり元総長というリアリティーもあるんじゃないですか。それに今でも全然綺麗ですし、そこが大きいと思いますよ」

かおりは今も地元の旧車會の連中からも崇められているようだ。

そんな、かおりの伝説のレディース時代の話が半生記『いつ死んでもいい本気（マジ）でそう思っていた』（大洋図書刊）として本になった。「え、私書けないよ」と最初は尻込みしていたが、担当編集の力もあり原稿は無事書き上げたようだ。

そしてかおりにどうやら良い伴侶ができたようで、もうすぐ籍を入れるのだと話してくれた。

「出会ってもう長いんですよ、最初はそういう関係でもなくて良い男友達って感じだったんですが、だんだん親身になって私のことを心配してくれたりしてくれて。だったらお互いにもう良い歳だからちゃんとしようかって」

かおりの生まれ故郷、台湾を二人で旅行する計画らしい。伴侶と見る故郷の景色は格別だろう。

居場所のない少女を救うじゅんこ

じゅんこと初めて会ったのは1990年の2月頃だ。じゅんこの所属していたレーシングチーム「スティゴールド」の取材の時だった。メンバーは皆それほど派手ではないが、四輪の改造車に乗って来ていた。落ち着いた雰囲気のレーシングチームだったが、メンバーは皆現役のレディース時代は相当やんちゃだった雰囲気を醸し出していた。そんなメンバーの中でもとりわけじゅんこは目立つ存在だった。総長などの肩書きこそついていなかったものの、自然とこのチームのリーダーシップを握っているように感じ取れた。意図的なのか話し方や態度に自分たち大人に対して気後れしないようにふるまう背伸び感も感じられたが、その一方で取材現場をテキパキ段取りしてくれたり、何より会話がスムーズに弾む、頭の回転の良さが伝わってきた。そういう意味で、初対面は概ね好印象だった。

中でもその出で立ちがこれまで会ってきたレディースとはかなり違っていたことが強く記憶に残った。特攻服を羽織ってはいたがピンクのズボンに綺麗にセットした髪型が清潔感を醸し出していた。自慢の改造車・マークⅡの撮影の時は私服で撮りたいというリクエストで、紺色のジャケットとパンツスタイルのツーピースとグレイの帽子に着替えて来た。そのファッションスタイルは女子大生かＯＬ一年生と言っても通じるお洒落なコーディネイトだった。こんな清潔感のある元レディースに会ったのは初めてだったので、自分もじゅんこには少なからず興味を持った。

もう一つ印象的だったのは、こちらの言葉に自分なりに納得してから言葉を返してくることだった。決して丁寧な「です・ます調」ではなく、時にはタメ口なところに気の強さが顔を出すのはご愛嬌といったところだが、それも多分、彼女なりの照れ臭さの裏返しだったような気がする。とにかくその雰囲気はこれまでに出会った他のレディースにない品の良さを感じた。おそらくそれなりに良い家庭環境で育ったのだろう。

この印象は間違っていなかったことが後日判明する。この取材をきっかけにじゅんこが『ティーンズロード』と深く関わるようになってきた頃、ある企画の打ち合わせで、自宅にも何回かお邪魔したことがあったが、端から見ると家族関係も円満な、いわゆる中流家庭であることがわかった。もっとも本人に聞くと思春期はそれなりに親や学校にも反抗したようだが、これも格別珍しいことではない。誰にでもあるといえばあることだ。

レディースだからといって誰もが壮絶で悲惨な環境で育ったわけではない。詳しく調べたわけではないが取材で出会った半数以上のレディースはごく普通の家庭環境で育っていた。もっとも、恵まれた家庭環境に見えても当の本人にしかわからない心の歪みはあるので、じゅんこも行き場のない自分の居場所を求めて知らず知らずのうちにヤンキーの仲間に引き込まれていったのだろう。

そのファッションセンスもそうだが、じゅんこが他のレディースと異質だったのは、何より初対面の時から他のヤンキー少女よりも幅広くいろいろなことに興味を持っていたことだった。その好奇心の強さは『ティーンズロード』で遺憾なく発揮されていく。

「スティゴールド」が6号（1990年4月発行）に掲載された後、じゅんこはたびたび編集部に遊びに来るようになった。メンバーと来る時もあれば、フラッと一人で来ることもあった。第4章でも少し触れたが、多くのレディースは取材で会った時と編集部に遊びに来た時の素顔が微妙に違う。レディースや暴走族の少年たちは地元意識が非常に強いのと、同じ空気感の人間との付き合いが濃いため、逆に言えば、地元から離れた場所や普通の大人たちとのコミュニケーションが苦手なのだ。いくら『ティーンズロード』編集部の人間とはいえ、やはりレディースからすれば境界線の向こう側の大人なのだ。

ところがじゅんこは違った。会話を交わしながらもこちらを冷静に観察するような洞察力で、少しずつ大人との距離を縮めてスーッと懐に入ってくるのだ。何より編集部という独特な空間とそこで作業する編集者に興味があるようだった。じゅんこにしてみれば取材で会った時の編集者のイメージとデスクワークしている姿の違いが面白く見えたのだろう。机に向かって黙々とデスクワークをこなす編集者や打ち合わせをしている編集者を見て、『ティーンズロード』ができる過程にも興味津々なようで、もしかしたら誌面作りに関わりたいのではないだろうかと思い、軽い気持ちで誘ってみた。

「じゅんこちゃんさ、今度、うちに原稿書いてみない。テーマは何でもいいよ、思いついたこと書けばいいからさ」

この一言にじゅんこの目の色が変わった。

「え、書いてみたい、でも書けるかな、自分にできるかな。ダメだったらちゃんとアドバイスしてね」

その依頼はすぐに現実になった。締め切りよりかなり早く原稿を書いてきたのだ。

「どう書いていいかわからなくて、これじゃダメだよね」

やや遠慮がちに書いてきた原稿を見せてくれた。その出来は十分に及第点だった。素人にありがちな回りくどい長々した言い回しもなく、何よりストレートにありのままの気持ちが表現された原稿に仕上がっていた。

その原稿によってじゅんこがいつの間にかニッポン放送の人気ラジオ番組『オールナイトニッポン』で手伝いをしていることを知った。『ティーンズロード』の取材時に出会ったフリーライターの紹介でニッポン放送に出入りするようになり、番組で暴走族やレディースについてコメントしたことがきっかけだったようだ。そこでじゅんこの物怖じしない性格と明るいキャラクターがプロデューサーに気に入られたようで、レギュラーに近いポジションをつかみ取っていたのだ。

自分に対してもそうだったが、じゅんこは大人の懐に入るのがうまい。ここでも遺憾なくその天性の才能を発揮したらしく、しばらく『オールナイトニッポン』の手伝いを続け、普通に暮らしていたら出会えないような様々な業界の人間にも会い、貴重な体験を重ねることになる。この経験は後に大きな財産となったようだ。

原稿は『ティーンズロード』の記念すべき月刊化1号目の1990年8月号で掲載された。タイトルは「純子の目指せ一番星」。チームの「スティゴールド」の「輝き続けたい」からインスパイアしてつけた。かなりベタなタイトルだが、『ティーンズロード』の読者はわかりやすいストレートなタイトルを好むことが経験でわかってきていたので、こちらが少し恥ずかしくなるようなタイトルにした。

じゅんこの好奇心の強さと、何事にもポジティブに生きようという姿勢はこの連載でも垣間見えた。ラジオ出演の次はバンドで音楽活動も目指したいという気持ちが強くなってきたようで、連載の中でメンバーを募集したり、自作の歌詞をすでに手がけていることを告白したり、やろうかなという漠然としたことではなく、実際に動き出す行動力は端から見ていても気持ちがいいくらいだった。連載で目標を書いてしまい自らを追い込んでいるとも取れたが、それでも実行してしまうところはなかなかできるものではない。

連載はちょうど12回。１年間続いたことになる。念願のバンド活動も実現させ、ライブハウスのステージにも立った。『ティーンズロードビデオ』のテーマソングのレコーディングが終わり、一つのけじめをつけたところで連載が終了している。作詞はじゅんこ自身で、これを生み出す労力と達成感が原稿から伝わってきた。

その歌詞は「今は果てしない夢でも、自分のまっすぐな心を信じていれば、きっとつかめる日がくる」こんな内容だった。現在の活動のことを考えると、じゅんこ自身がこの歌詞と同じ人生を歩んでいるような気もする。

そんなじゅんこと久しぶりに再会したのは２００６年頃だ。フリーペーパーを作りたいという相談があったからだ。行き場を失い街を漂流している少女たちのリアルな声を拾いたい、そんなコンセプトを目指していると真剣な眼差《まなざ》しでこっちの反応をうかがっていた。

フリーペーパーとはいえ雑誌作りなわけだから地道な作業の繰り返しで、なおかつ費やした資金を回収できるほど利益は出ない。記憶は定かではないが、積極的に勧めなかった気がする。

ところがしばらくしてフリーペーパーができたので見て欲しいという連絡が来た。いつになく遠慮がちに「これなの、どうかな？　いろいろ意見を聞きたくて」と『ＶＯＩＣＥＳ（ボイス）』というタイトルのフリーペーパーを見せられた。

内容は渋谷センター街や新宿歌舞伎町を中心に居場所を探し彷徨っている少女の肉声を丹念に拾ったものだった。とことん相手の考えを聞くという編集方針がストレートに伝わってきて好感が持てたが、何より驚いたのはビジュアルやデザインはプロが作ったものと何ら遜色がない出来だったことだ。目線が少女たちと同じところにどこか『ティーンズロード』に通じるものを感じた。出会った当時からエネルギッシュなところがあったが、ここまでやり遂げたか、というのが正直な感想だった。

「これ、今の時代の『ティーンズロード』だよ。それにしても、じゅんこちゃんの10代にこだわる本気度を感じたよ。でも対象は少年ではなく少女なんだね」

「虐待とか望まない妊娠とか、ＤＶとかレイプとかそんな辛い目にあっている少女の肉声を拾いたいんですよ、だから何が解決するわけじゃないんですけど。『ティーンズロード』も私たちの声を真剣に聞いてくれたじゃないですか、それだけで私たち救われたんですよ」

『ＶＯＩＣＥＳ』は今でも継続的に発行されているが、２０２１年１月に発行した第19号ではここまで取材対象を広げたんだと感銘を受けた記事が掲載されている。２０１７年10月に座間で起きた男女９人をアパートで暴行死させ、死体を切断した事件の被告・白石隆浩にじゅんこが面会した時のルポルタージュだ。

この事件はＳＮＳで自殺願望のメッセージを発していた被害者に白石の魔の手が伸びて起きた殺人事件として当時世間に大きな衝撃を与えた。じゅんこたちの活動はＳＮＳで少女たちとつながることが多いというだけに他人事ではなかったのだろう。

じゅんこを戸惑わせたのは事件発覚後も「10人目になりたかった」という少女たちの声だ。面会のやりとりはここでは詳しくは触れないが、じゅんこなりの視点で白石に向き合った緊張感が伝わってくる迫真のルポルタージュになっていた。

その『ＶＯＩＣＥＳ』の刊行を続けながら２００９年に渋谷を拠点に「ＢＯＮＤプロジェクト」を立ち上げ、橘ジュンという名義で代表をしている。行き場を失い居場所を探している10代から20代の女性たちをサポートするＮＰＯ法人だ。その活動ぶりはテレビの報道番組やドキュメンタリーでも数多く取り上げられている。心や体の傷を抱え帰る居場所がない少女と向き合っているため、それこそ24時間臨戦体制で挑んでいる。その労力は並大抵ではないはずだ。

数年前に中野近辺の居酒屋で会った時も、頻繁に携帯の着信音が鳴っていた。どうやらトラブルを抱えた少女を一時的に保護するらしい。せっかくゆっくり居酒屋でくつろいでいたのにすぐに現実に引き戻されていた。そんなやり取りを見ていて、この活動に人生を懸けているんだなと思った。

コロナ禍の時も活動は続けており、当時はこんな風に話していた。

「オンライン面談に切り替えたりとか、いろいろ対応してますけど、街には若いスタッフが出ていますよ。私が行くより少女たちも話しやすいので、任せているところもありますね。コロナの影響はすごく感じますね。相談は3倍増えています。孤独や孤立、望んでいない妊娠、生活困窮などで居場所がどんどんなくなっていて、自殺が増えているんですよ、20代の女性が多いですね。もう、待ったなしのこの現状をなんとかしなくてはと思ってます」

そして相変わらず少女の家出は減ることがないらしい。その理由の多くは学校のいじめではなく家庭の問題だという。状況はじゅんこたちのヤンキー時代より根が深いようだ。

「ほとんどが虐待ですね。実の親からも多いんですが、母親の交際相手から性被害を受けるケースも結構あるんですよ。家にも居場所がないんです。これは辛いですよ。家出て行くしかないですからね」

つまり、親の問題でもあるのだろうか？

「親の問題は難しい面もあるかな。親が解決できることって少ないと思うんだよね。私たちの時代って自分の親より友達の親とかにも怒られたりとか、人間関係がもっと密というか。これって良いことだったと思うんですよ。自分の悩みとか仲間に相談したり、その仲間の親にも忠告されたり。今の子はそういう仲間がいないんですよ。そこに問題があるような気がする。親に相談するより仲間に相談する方が10代は答えが出る時もあるからね」

相変わらず気が休まる時がないだろうと心配してしまうが、「毎日嬉しいって感じますよ。あ、あの子から返事が来たとか、気になってる子の声を聞けた時とかもそう、あ、生きてくれたのかって」。

一日が終わり帰宅して飼っている猫と触れ合っているひとときが数少ない心の安らぎの時間らしい。


２０２２年12月19日から12月25日まで渋谷のギャラリーで「ＶＯＩＣＥＳ展ｖｏｌ２」が開催された。イベントでは『ＶＯＩＣＥＳ』のバックナンバーや写真が展示され、スタッフや多くのアーティストたちのイラストも飾られていた。イベントの２日目に顔を出すと、じゅんこは入り口で夫と二人で出迎えてくれた。写真家でもある夫も若い頃から面識があるが、ずっと活動をサポートしてくれる心強いパートナーなのだろう。じゅんこはそういう意味でも仕事と夫というこれ以上ない居場所を探し当てたのだと思う。

この日、じゅんこの一人娘も会場に姿を見せていた。東京藝大大学院に通ってイラストやデザインの勉強をしているようで、会場には自作のイラストも展示していたが、作品のテーマはじゅんこがライフワークとしてサポートしている居場所を探している少女だった。

「私が家にそういう子を連れてきてたのを幼いながらに見ていたんだろうね。全然押し付けたわけではないのに」

将来はアニメーションも手掛けたいと夢を語っていた。どうやら娘は自然に母親の後ろ姿を見て成長していたようだ。

「ここまでの道のりは長かったですよ。夫と二人で始めて、今はスタッフが約40人います。横浜にも拠点を広げたのですが、これからは全国に広げたいですね」

33年前、特攻服姿で大人がどれだけ信頼できるかと微妙に距離を置いて観察していた少女がまさか社会貢献する活動に携わっているなんて、完全に立場を逆転されてしまったようだ。あの若い頃のカチンとくるトゲのある強気の発言をたまには聞きたくなる気もするが……。

大学に進学したレディース総長

大分県という遠方のレディースだったため、実際は一回しか会っていないが、「烈慰羅《れいら》」の初代総長のゆきみの印象も深かった。その特異な生き方と考え方はこれまで取材したレディース総長とは明らかに一線を画していた。なんと取材時に大学に合格していたのだ。この時代のレディースは高校卒業でさえ珍しいのに、ゆきみは春から大分の大学で保母の資格を得るために進学することになっていた。さらに驚くことに、他の幹部のメンバーも全員大学に合格していた。多くのレディースたちは17歳か18歳で引退し、中には引退してすぐに母親になり落ち着いてしまうケースも多いから「烈慰羅」のメンバーはかなり異質な存在だった。

また、ゆきみがインタビューの中でこう語っていたのも印象的だった。

「学校も行って、仕事もして暴走する時はハンパじゃなくやるっていうのが好きなんです。将来結婚して子供ができても働けるように保母さんの資格が欲しかったんです、でもそんな大したもんじゃないですよ」

ゆきみのこの言葉に他の幹部も「当たり前だよな」と頷いていた。総長ゆきみの価値観にメンバーが相当影響されている様子がうかがえた。

レディースたちは総じて、人一倍気が強く自我も強いため、傍目で見るより人間関係が複雑で、ワンチームとして統制をとるのはかなり難しい。

烈慰羅はこの日ほぼ１日密着取材したが、かなり統制がとれていてメンバー間の関係も良好に見えた。幹部メンバーの一人がなかなか時間通りに来なくて、ゆきみは再三「すみません」と頭を下げに来た。何かトラブルでもあったのだろうか、心配そうなゆきみの表情はかなり険しくなってきた。そこそこ大きめな公園での取材だったが、メンバーは改造車で来ているし、ゆきみ本人も改造した単車のＣＢＸで来ている。素早く撮影しなければ警察が来て取材を中断せざるをえない場合も十分に想定された。しばらくしてその幹部が慌てて駆けつけて来た。途中で事故ってしまい、別の友達から借りてきた改造車に乗って来たのだ。遅刻した幹部は安堵したのか、ゆきみの特攻服の胸で号泣していた。ゆきみに連れられ、幹部は遅刻したことに頭を下げに来た。

強く記憶に残っているのは、メンバー全員が揃ったのをゆきみが子供のように喜んでいたことだった。こんな何気ない光景にもゆきみがメンバー思いであると同時にこのチームの大黒柱であることが見て取れた。

取材はゆきみのテキパキとした指示でスムーズに終わらせることができた。

「私は本当は強くないんですよ、よく泣くしね、総長やってるけど、みんなあっての総長なんです」

この謙虚な言葉にもゆきみの人間性の大きさがにじみ出ている。常に慕ってくれるメンバーを気遣っているのだ。

数年後『ティーンズロード』を離れて別の雑誌を手がけていた時、突然ゆきみから連絡があった。大学で勉強していること、他のメンバーもちゃんと大学に通っていることの報告だった。「たまに族車で通学しそうになるのが心配だな」なんてつぶやいていたが、小柄で細いゆきみがキャンパスを颯爽と歩く姿を想像して思わず嬉しくなってしまった。

残念ながらゆきみとは今は連絡がつかないし、その後どんな人生を歩いているのかはわからないけれど、様々な困難に前向きに立ち向かって生きているような気がする……。

振り返ると自分もティーンズロードだった

その会社は明らかに異様だった。日中だというのにやたらと事務所は薄暗く、小柄でスキンヘッドの男が床に唾を吐き散らしている。ギャグじゃないけど「カーッ！　ぺ！」状態だ。出社するたびに毎日これを聞かされるからたまったもんじゃない。ただ誰も注意はしない。なぜならこの男が社長だからだ。

第1章でも触れたが、自分はミリオン出版に入社する前は、いわゆる総会屋系の経済誌を出版している小さな会社の社員だった。１９８１年の年明けに入社したが、その年の暮れにはもうその会社は廃業してしまった。とにかく今思い出しても強烈な会社だった。社員はその社長と奥さんが経理総務を担当し、自分の直接上司になる編集長が一人。あとは広告営業が二人というごく少人数の会社だった。刊行しているのは会社案内ほどの薄い雑誌1誌だけ。入社初日、編集未経験の自分に与えられた任務はこうだった。

「君には原稿3本ぐらい書いてもらうから。テーマはなんでもいいよ。自分が興味あることで。そこの原稿用紙を使って、適当な文字数でいいから。あ、あと『会社四季報』だけはよく読んでおいて。そうだ、この会社の業績を分析して記事1本頼むよ。で、私は外で取材とか調べ物してるんで、ほぼ毎日出かけてるから。君も適当に図書館とか行っていいからね」

編集技術はいつ教えてくれるんだろうと疑問に思いながらも、適当に好きなことを書いていいというのは気が楽といえば楽だった。次第にわかってきたのだが、発行していた雑誌はほぼ毎号デザインが同じで、全く手の込んだものではないので、編集長が一人でコツコツと作業していてもこなせるレベルだった。また、経済なんて全くど素人の自分が『会社四季報』を元に適当に書いていた経済記事はほとんど〝活字の無駄〟だとも知る。

「うちの雑誌はほとんど誰も読んでないからさ。とにかくページが埋まってればいいんだよ、でも君が書いた読み物は結構面白いよ」

要するに内容はどうでもよくて、刊行された雑誌を記事に書いた企業に送りつけ、その購読料が収入源になっていることが次第に分かってきた。関わった雑誌を一般書店で見かけたことが数回しかなかったのはそういう理由だったのだ。

仕事は忙しいというわけではなく、結構時間があった。好きなものを書いていいということだったので、図書館はよく利用し、原稿書きの合間を縫って自分専用の企画ノートを作った。Ｂ５サイズのごく普通のノートに将来自分が編集者になった時に出したい企画を思いつくまま羅列していた。その内容は「俺だったらこう作るのに」という編集経験がないのに過剰な自信に満ちた「俺だけマガジン」という妄想だった。当時よく見ていた総合男性雑誌、『ＧＯＲＯ』『スコラ』『月刊ＰＬＡＹＢＯＹ』『週刊プレイボーイ』『平凡パンチ』などの〝俺版〟ということだ。後で触れるがこの妄想企画を、ある高名なジャーナリストに評価してもらった経験があり、こうしたことがミリオン出版に入社した時に「俺がこの世界を変えてやる」という根拠のない自信につながる。もっともここに羅列した企画はのちにミリオン出版に入り実現化されたものもあるから、この時間もあながち無駄ではなかったのだ。

　この会社はまた、人間観察にはもってこいだった。すぐにどこかに消えてしまう編集長はどうやら社長とはソリが合わないようで、とにかく朝出社したらすぐに外出してしまう。たまに珍しく社にいると、息子の大学進学の話しかしない。自分に相談してくることもあったが、日大の夜間という微妙な学歴はなんの力にもならなかったはずだ。

　働くうちに気になることが次々に出てきた。ぺっぺと唾を床に撒き散らす社長とその奥さん、そして物静かな編集長とは顔を合わせたのだが、広告営業の人間とは一度も顔を合わせてはいなかった。ある日奥さんに聞いてみた。

「あの、うちにいる広告営業の方をまだ見かけたことがないんですけど、皆さん出勤はどうなってるんですか?」

「毎日出てますよ、あなたが出社して来る何時間も前から来ていますよ。みんなすぐに銀行に顔出したり企業を回ってるのよ。そうね、朝7時ぐらいには来てるわよ」

後でわかったのだが、早朝から銀行に並んだり、大手企業の総務部と会って賛助金の交渉をしたりしていたのだ。その広告営業と数ヶ月後、ようやく顔を合わせた。一人は60代ぐらいの初老の男性でかなり疲れきった風貌だった。もう一人は自分とさして変わらない20代半ばくらいの年齢に見えた。貧弱な体にあまり高そうではないスーツが妙に似合っていて、人の良さそうな笑顔が印象的だった。向こうも歳が近そうだと思ったのだろう、すぐに「飲みに行きましょう」とようやく交流の場が持てた。弱小会社のくせにオフィスが銀座だったので新橋の安い居酒屋で飲んだ。経済関係の怪しい出版社は銀座か新橋に多い。その〝無理してる感〟も大事といえば大事なのだろう。

彼の話は終始社長と奥さんの悪口といかに自分が女性に縁がないかという愚痴だった。人がいいのでその愚痴や悪口もそれほど不快には感じなかったが、2度目の飲み会はなかった。

そのぺっぺの唾液社長はいかにもの関西系で、アクも押し出しも強い。口癖は今はこんなだけど昔はそれなりに大きな会社で付き合う企業も大企業だったという過去の栄光自慢だった。ただ、数回企業の取材で同行させてもらったが、応対した企業のエリートにも引けを取らない横柄な態度で、かつてはそれなりに力があったのは事実だったのだろう。奥さんは度の強い眼鏡をかけ、テキパキとしていて仕事はできそうなイメージだったが、たまに社員をボロクソにけなす一面もあった。あの社長と長く寄り添っているのだから、それは気も強くはなるだろう。

今も気になるのはあのペッペ吐かれた床の唾液だ。拭いていたところを一度も見たことがなかったが、一体どうなっていたのだろう。

この経済関係の会社に入る前の自分はまさに『ティーンズロード』。進むべき方向は見つかっていたが、居場所が見つからずに彷徨い続けていた。

編集という仕事がどんなものなのかもわからなかったが、漠然と編集者か新聞記者を目指したのはかなり早く小学３、４年生の頃だった。きっかけは当時自分が住んでいた足立区の集合住宅の隣に住む３、４歳上のお兄さんから、大量に『週刊少年マガジン』のバックナンバーをもらったことだった。夢中で読んだのは漫画ではなく、巻頭の読み物ページだった。当時（昭和30年代〜40年代）の『週刊少年マガジン』は戦記物、ＳＦ、古代史、怪獣、恐竜、スパイ、未知の秘境、ミステリースポットなど、どれも学校では習わない好奇心をそそるテーマが特集されていた。子供心にロマンを感じたのだろう。こういう世界に関わりたいと漠然と思ったのだ。編集というより「活字」と「本」に関心が強かった。といっても小説や難しい書物は全く興味がなかったので、根っからの「雑誌屋」だったのだ。

この夢は意外にも長く続き、高校入学してからも変わりはなかった。ただ、知ったのはそれなりの大学を出ていなければこの道が開かれないということだった。しかし情けないことに勉強は全くできず、ようやくこぎつけたのが日本大学の第二部。つまり夜間だった。

昼間は時間があるので五反田にある焼肉屋でアルバイトを始めた。取り立てて飲食店に興味があったわけではなかったが、週何日でもいいというのが決め手だった。やはり毎日働くより少しは遊びたかったということだ。ところがこのバイトにのめり込んでしまう。五反田東口の遊楽街にあったその焼肉屋は店舗の下がピンクサロン、風俗店だ。その周りもやたらピンクサロンが多い一大風俗街で、20歳前の自分が生まれて初めて見る異空間だった。同じビルの地下にあったピンクサロンのおねぇさんが出前で頼んだ、「ビビンパ」や「カルビークッパ」を届けに行くと、薄いネグリジェみたいな下着から透けて見える乳首やチラッと覗く太ももの妖艶さは、この歳の男子にはかなり刺激的だった。

何より従業員が皆個性的だった。熊のような風貌の調理場のチーフ、包丁一つで生きている流しの板前、地方で相当やんちゃしてきた元不良、大学に8年も籍がある一応の大学生、山の手の巨大暴走族のメンバー、そしてホールのウェイトレスが近隣の女子高生に女子大生で、それも皆かなりなハイレベルの可愛さ。のめり込まずにはいられなかった。気がついたらほぼ4年間毎日ここで働いた。飲食、案外面白いかも。編集者の夢が一歩ずつ遠ざかっていった。

しかし辞めざるをえない事態が起きてしまう。仕事と遊びの両方で慕っていたバイトの先輩がギャンブルにハマッた末に無断欠勤が多くなって首になり、その巻き添えで店に居づらくなってしまったのだ。そんな時、諦めかけていた編集の道が少しだけ開かれた。焼肉屋のバイトをしながらも全く夢を諦めていたわけではなく、出版社や新聞社関連のバイトに手当たり次第に応募していた。ただことごとく書類選考か面接で落ちてしまう。薄々気がついてはいたが、出版社も新聞社も予想以上に高学歴社会でバイトですらその条件を設けているところも多かった。次第にもうこの世界は諦めようかと路線変更が脳裏をかすめた時だった。

求人をよく見ていると、大手中堅以外の全く聞いたことのない出版社や様々な業界の新聞社があることに気づく。それらはほとんど経験不問、年齢不問、学歴不問だった。入り口にさえ立てればなんとか道は開かれるだろう。しかも威張れるほどの学歴ではないので贅沢は言っていられない。そんな中で勤務条件が良かった水道関連の業界新聞のアルバイトを受けてみるとあっさり採用の連絡がきた。

ただ、期待していた編集や記者の仕事はほとんどなく、業務の大半は出来上がった新聞を関連企業や自治体、各行政団体に配って歩くことだった。まあ、早い話が「新聞配達」だ。単調できつかったが、それまで踏み込んだことのない世界の空気を吸えたことは良い経験だった。たまに記者と一緒に回ると、新聞を配りながらいろいろな水道関連の情報を聞きだしそれを記事にしていく過程も知った。

「何気ない会話にヒントがあるわけでさ、君も慣れてきたらこういう取材ができるようになるよ」

記者たちとよく飲みに行った。皆本当は一般紙に行きたかったけど、夢叶わず挫折組とわかったが、それでも数人はメジャーへの階段を諦めてはいなかった。

「昔この会社から大手新聞社に入り込めた人もいたし、あの有名な小説家も実はうちでアルバイトしていたんだよ」

読んだことはないが名前は聞いたことのあるミステリー小説家だった。

ただ、やっぱりここを辞めることにした。確かに地道に働いていれば次の扉は開かれるかもしれないが、そこまでの忍耐力はなかった。それに、思わぬメジャーの扉がぶら下がってきた。『デイリースポーツ』に編集アルバイトの募集が出ていたのだ。『デイリー』は好きなボクシングの記事が多かったので、比較的よく見ていたスポーツ新聞だった。さすがにメジャー紙なのでバイトとはいえ採用は難関だったが、やたらとボクシングと野球に詳しいことが採用の決め手となった。

働いているバイトはほぼ全員大学生で、中には10年近くバイトしている猛者もいた。就職するよりここの方が楽だし金もいいということだ。確かに今までのバイトよりはるかに時給が高く、十分に生活ができるくらいだった。バイトは「学生さん」（どの新聞社でもバイトはこう呼ばれていたようだ）と呼ばれ、主に原稿を各部署に仕分けして渡したり、写真を探したりと、それなりに新聞社の雰囲気は味わえた。バイト同士よく飲みに行ったし、記者とも顔見知りになり、時に夜の街に誘ってくれたりもしたので待遇も環境も文句はなかった。

なるほど、ここに10年ぐらいいたくなるのもわかる気はしたが、それじゃあ埋没して終わってしまう。ある時、総務の人間と飲む機会があり思いきって聞いてみた。

「バイトから正社員になれる道はあるんですか？」

「なくはないよ、ところで君は大学どこだっけ？　え、日大、あ、だめだめ、うちはさ、六大学じゃないと。ここは親元が神戸新聞社なんだよ、そこを受かってから配属が決まるんだ」

スポーツと芸能とエロの記事しかないのに、なんで六大学の学歴が必要なんだと当時は大いに憤慨した。

そんな時、焼肉屋でバイトしていた昔の仲間から、出版業界のセミナーがあるから行ってみればと教えられた。ある専門学校の教室で開かれたそのセミナーは、一流出版社の編集経験があるジャーナリストが講師に来ていた。参加者は『朝日新聞』や『週刊文春』を目指すような硬派なジャーナリスト志望の学生が多く、皆それぞれ熱い議論を講師と交わしていた。しかし自分は正直に硬派な社会性を目指しているのではなく『平凡パンチ』や『週刊プレイボーイ』みたいな軟派路線を目指していると話し、こんな新しい男性雑誌を作りたいとダメ元で一席ぶったらその講師にいたく気に入られ、「君いいよ、そういう目線が低い姿勢が大事なんだよ」と思わぬ形で褒められた。

後日その講師から『内外タイムス』(現在は廃刊)のコネをつけてもらった。『内外タイムス』はメジャーではないが駅の新聞スタンドでも置かれている夕刊紙で、たまに目を通していた。風俗や犯罪に関する記事が多く自分好みの新聞だった。一気に視界が広がったように感じられ、勇躍面接に向かったが、結果はまさかの不採用。講師の顔を潰すことになった。

歩く道は決めているのにその道にたどり着けない。居場所探しはまだまだ続き、ようやく社長が唾を床にペッペッペ吐き散らす経済誌に拾われた。『ティーンズロード』を作った自分も、そこに至るまでは読者と同じ、居場所が定まらない漂流していた一人だったのだ。

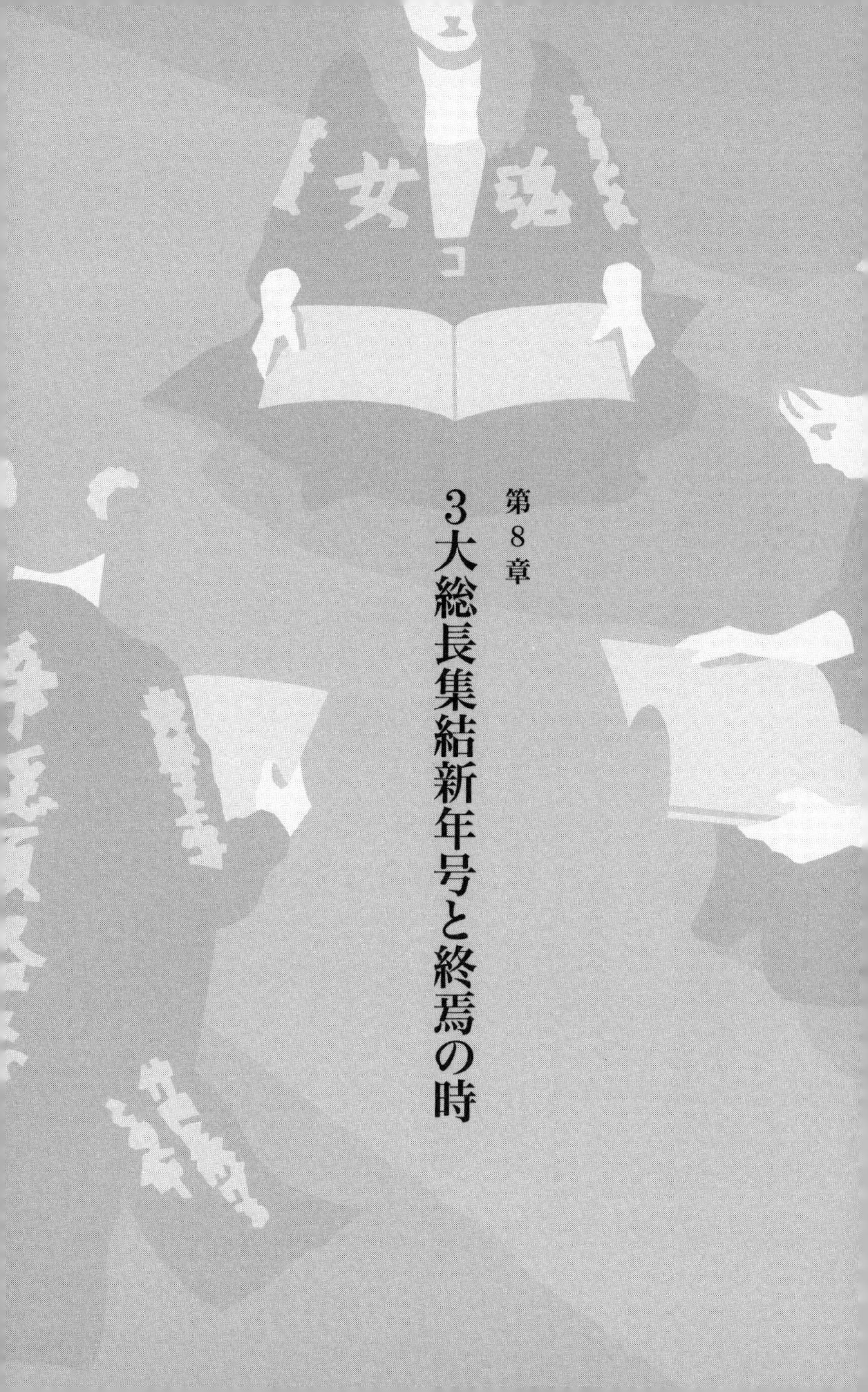

第8章
3大総長集結新年号と終焉の時

いつ喧嘩が起きてもおかしくない空気だった

スタジオには空気を引き裂くような緊張感が漂っていた。スタッフやカメラマンもスタジオ内にいる関係者の表情も心なしか青ざめている。もし、ここで喧嘩などのトラブルが起きたら、当然その責任は編集長である自分が取らなければならない。撮影の数日前から不安で仕方がなかった。

1991年の年の瀬、四谷のスタジオに、前述した埼玉東松山「紫優嬢」4代目総長のすえこ。四国高松「胡蝶蘭《こちょうらん》」の初代総長ひろみ。八王子「綺麗《きれい》」2代目総長じゅんこ。いずれもこの当時絶大な人気を誇っていた総長たちが新年号の表紙を華々しく飾るために一堂に会した。

このこと自体が、ある意味無謀で危険な企画でもあった。暴走族やレディースはただでさえ地元意識が強い上に3人とも『ティーンズロード』で1、2を争う人気総長だ。当然プライドが高い上にチームと地元の看板を背負っているので、ちょっとした食い違いでその場で乱闘になってもおかしくはない。いやむしろ撮影にかこつけて喧嘩を仕掛けてくるかもしれない。そういうトラブルが大いに想定されるので、本来なら「やるべき企画」ではないのだ。

ただ、5号目から安定した売り上げもあげていたのがどこか逆に不安で、もの足りなさを感じていた。創刊当初はなるべく問題が起きないように穏便に誌面を作りたかったのが、取材やヤンキーに慣れるに従い、より刺激を求める自分がいた。淡々と流れるように滞りなく進む取材に単純に飽きが来ていたのだ。何か自分を奮い立たせる起爆剤が欲しかった。他のヤンキー雑誌が絶対にできないことをやりたかったのだ。ただ、それと同時にここまでリスクを負わなくてももっと楽な企画でもいいだろう、という弱気な本心もどこかに見え隠れはしていた。そんな葛藤を抱えたまま、それぞれの総長たちに連絡してしまった。

よくこの企画をあの3人が承諾してくれたものだ。いや、全員に断られて企画自体が中止になった方がどれだけ楽だったか。

ところが現実は中止になることなく当日を迎えてしまった。撮影の1時間前ぐらいにスタジオ入りし、カメラマンと綿密な打ち合わせをした。撮るカットはほぼ決めていたのであらかじめスタジオ内の立ち位置を決めて、ライティングの準備をした。現場でこっちがうろたえるとそれが彼女たちに伝染して嫌な雰囲気になってしまう。それは極力避けたかったので入念に準備をした。また、スタジオのスタッフに「今日の撮影は一歩間違えるととんでもないトラブルに発展しまうから」と伝えると、全員静かに頷いた。

最初の難関はどうやってスタジオまで連れてくるかだった。倉科やイマイ君、Fらはそれぞれの総長が道に迷わないように最寄りの待ち合わせスポットまで迎えに行き、なるべくお互いがかち合わないように時間差でスタジオに誘導した。

スタジオの扉が開き倉科が入ってきた。その後ろから「胡蝶蘭」初代総長のひろみがメンバーの一人を連れて入ってきた。倉科は高松でひろみとは会っているので、和やかに談笑している様子が見られ少しホッとしたが、すえこ、じゅんことそれぞれが揃うと、俄然スタジオ内に緊張が走る。おのおのがスタジオの隅に自然と陣取り、お互いに相手のことを見ようとしない。〝沈黙の威嚇〟がすでに始まっていた。

それぞれがスタジオの隅にセットされたつい立ての陰で特攻服に着替え始めた。狭い更衣室でお互いをけん制しながら着替えるよりその方が無難という判断だった。

いよいよ撮影が始まった。特攻服に着替えたのでなおさらお互いをけん制している。

当然、3人に笑顔はなく、その厳しい視線を各々が相手に無言で投げかけている。恐ろしいまでの沈黙が続く中、ここは自分がこの場を仕切らなくてはと、ありったけの勇気を振り絞って3人をスタジオの中央に集めた。

「今日は新年号の表紙の撮影を行いたいと思います。今日は『ティーンズロード』に免じて、揉め事が起きないようにみなさん協力してください。では、3人！　お互いに握手しましょう」

総長たちはそれぞれ険しい表情をしつつも、静かに軽くお互いに手を添えた。3人とも無言で相手を睨みつけている。スタジオ中が最も緊張に包まれた瞬間だったが、この握手を合図に、ひとまずはなんとか撮影がスタートした。

一瞬安堵したが、まだ始まったばかりだ。すぐに全身が固まるほどの緊張感に見舞われた。だがやるしかない。自分で仕掛けた企画だろ、自分で決着は付けろ、何度も心の中でつぶやいたが、少しでも我にかえると不安がどっと押し寄せてくる。とにかく現場を素早く仕切らなくては。少しでも間が空くと何が起こるかわからない。喧嘩が起きたら撮影が台無しになってしまう。普段はレディースたちから兄貴のように慕われているイマイ君も倉科も黙々と撮影の手伝いに終始している。誰もが余計な一言を発しないように気をつかっていた。

表紙は3人が腕組みして睨んでいる定番のポーズだった。誰をセンターにするかということは流動的にして、撮影では3人がそれぞれ中央に立ち、3バージョンを撮影した。当時、頭一つ人気が高かったのが「胡蝶蘭」ひろみだったので、撮影当初から表紙はひろみをセンターにしようと決めていた。実際新年号ではその通りになった。面子を大事にする彼女たちからいつ「誰がセンターなんだ」と質問されるかヒヤヒヤしていたが、意外にも3人とも何も言わずに、こちらの指示にすんなりと従ってくれた。おそらく実際の表紙はひろみがセンターのものが採用されると暗黙のうちにお互いが了解していたのだろう。それだけひろみの存在感はこの中でも図抜けていた。自分は高松の取材の時には現地に行っていなかったので、ひろみとはこの日が初対面だったが、読者人気が圧倒的に高い理由が頷けた。全身からにじみ出て来るオーラがこのメンツの中でも頭一つ抜けていたのだ。正直、緊張感に包まれた場だったのでどんな会話を交わしたかはあまり覚えていないが、余計な言葉を発しない威圧感があったことは記憶にある。

肝心の表紙の撮影が無事に終わったので次は中のグラビア撮影だ。巻頭のピンナップは、それぞれのチームから一人だけメンバーを連れてきてもいいと伝えていたので、3チーム×二人の計6名で集合写真を撮影したが、どこかぎこちなく、本来の弾けるような姿は見られなかった。皆それぞれ心の中はイラついていたが、ここは敢えて抑えてくれた結果の無表情だったのだろう。とにかく淡々と、トラブルが起きないようにスピーディーに撮影した。スタジオマンやアシスタントにも緊張感が伝わっているので無駄な会話がない。スタジオ内は有線放送の音楽以外、シーンとしていた。こんな撮影は編集キャリアの中で初めてのことだった。

この企画は打ち合わせの段階からスタッフと外部のライターもかなり熱が入り、〝レディース総長サミット〟だと盛り上がっていたが、当日は最低限の撮影をこなすだけが精一杯で、とても対談や討論会をできる雰囲気ではなかった。スタジオ中が重い空気に覆われていたのだ。本来は自分が率先して対談や討論会を仕切らなければならないのにとても切り出す勇気が起きなかった。

今この号を改めて開いてみると、表紙から巻頭まで笑顔が一枚もないことがこの日のすべてを物語っている。特攻服の撮影は、お互いのチームと地元の看板を背負っているため、緊迫感をぶつけ合うのは想定内だったが、誤算だったのは私服に着替えた撮影でも笑顔を見ることはできなかったことだ。それぞれ、お気に入りのワンピースやボディコンスーツを着ても、表情は硬い。カメラマンもいつものノリのように「じゃ笑顔でね」「そうそう、いいよ」というセリフが出てこないほど、彼女たちの迫力に終始気圧されていた。

総長たちは最後まで〝少女〟でいることを拒否したのだ。彼女たちの笑顔を見られたのは、最年少のすえこが撮影の合間にひろみと談笑していたほんの一瞬だけだった。この緊迫した空間でもすえこのおおらかな性格が垣間見られたが、結局はそこまでだった。撮影ともなれば同性同士、少しは打ち解けるかもしれない……と淡い期待を抱いていたが叶わなかった。結局のところ、それを演出できる力が自分になかったということだ。

なんとか無事撮影が終わり、全身の力が抜けていく感覚に襲われた。達成感というより虚脱感の方が大きかった。いち早くこのスタジオから姿を消したかった。思い描いた撮影のうち、本当に最低限のことしかできなかった自分の非力さから逃げ出したかった。他の取材、企画のことはつい昨日の出来事のように覚えているのに、この撮影のことは記憶が薄い。それだけ緊張感で頭の中が真っ白だったのだ。

この撮影のことはすえこの方がよく覚えていた。

「朝まで集会でさ、一睡もしてなくて、眠くて眠くて、でも絶対なめられないように気合い入れていったよ。事前に喧嘩だけはしないようにって比嘉さんに言われていたけど、万が一喧嘩売られたらやるつもりだったね。あの頃はひたすら強気だったから」

この当時頭一つ人気が高かった「胡蝶蘭」のひろみをどう見ていたのだろう。

「私、歯が痛くなっちゃって、そしたらひろみさんは優しく声をかけてくれた。人として器が大きいって感じた。あと、私の方が幾つか歳が下だったのでひろみさんも私には接しやすかったんじゃないかな」

結果的にこの撮影がすえこにとって『ティーンズロード』最後の舞台となる。3人の総長の集合写真を表紙にした1992年2月号（1月発売の新年号）は、予想通り売れ、15万部まで部数を伸ばした。さらにその後、『ティーンズロード』は同年の8月号で約18万部まで部数が伸び、それは創刊以来最大の発行部数だった。

自分はこの後、１９９３年の6月号まで編集長を務めたが、この2月号以降は創刊当初のような気持ちの張りが失われていくのを薄々感じていた。号を重ねるごとに、何が起きるか予測できない緊張感が次第になくなり、取材もローテーション化してきていた。かつては新鮮で何を見ても衝撃を受けていたレディースという世界の刺激に慣れてきてしまったということもあるし、雑誌があまりにも流行りすぎたというのもある。ビデオは3千本売れば大ヒットと言われていた中、倉科がプロデュースした『ティーンズロードビデオ』は1万本近く売れた。増刊も何冊か出し、そのすべてが完売に近い売れ行きだった。何も不満はないのに、どこか１００％全力で作っていた創刊当時のような高揚感はなくなっていた。

2月号以降、意図的に巻頭グラビアをマンネリ気味のチーム紹介からドキュメンタリー路線に変更したのは刺激が欲しかったからだ。「追悼集会」や「引退暴走」など、予定調和ではない生々しさを求めていた。追悼集会にしても引退暴走にしても、現場はいろいろな意味で緊張感がある。暴走する少年少女たちを後ろから追跡取材するのだから、何が起きるかわからないのだ。東京近郊のチームの集会密着ドキュメントでは、暴走する彼らの後ろを追尾して撮影をした。当然信号を無視するのだが、信号止めする役割の単車が交差点に入るたびに一般車を遮断して自分たちの車を走らせてくれる。完全に共同危険行為を犯している。当たり前だが途中で警察による検問が張られて、結局最後まで追いかけられなかった。取材としては不完全だったかもしれないが、十分スリリングで刺激的だった。しかしそのスリルや刺激をもってしても、誌面作りに対するマンネリ感を解消することはできなかった。

1993年に入ると、かねて準備していた新雑誌に少しずつ着手し始めた。『ティーンズロード』が成功したことで、自分が編集の世界でやっていけるという自信がつき、もっと違うジャンルで勝負したくなった。もっと売れる雑誌を出したいという欲求を抑えることができなくなってきた。それに伴い、編集長のバトンを渡す段階にきていた。映像センスに長けている倉科はビデオでフル稼働していたので、編集者として力をつけてきているFに任せることにした。

Fはミリオン出版に入ってから編集を覚えたのだが、自分は過去にどういう書籍が売れたとか、どうやって企画を立てるとかは教えたものの細かい編集技術は何も教えていない。自分もそうだったが技術はキャリアを重ねれば誰でも覚える。当然創刊当初Fの作ったページはお粗末で素人丸出しだった。今ならパワハラで大問題だが、かなり厳しくダメ出しをした。よっぽど悔しかったのだろう。一年も経たないうちに任せたページのクオリティーは見違えるほど高くなっていた。おそらく自分で学んだのだろう。Fには『ティーンズロード』最初の増刊号を一冊任せてみた。『男子禁制』というレディースだけの写真中心で構成した増刊は実売で８割近く売るヒット作となる。Ｆも自信をつけ２代目の編集長を引き受けてくれた。

１９９３年６月号で自分は『ティーンズロード』を離れた。湘南で見た〝幻夜〟に突き動かされて企画書を書き、『ツッパリ少年少女カタログ』の出版準備をしていた時から数えると丸５年、１８２５日にわたって特攻服を着た少女たちと時間を共にしていたことになる。

廃刊は「身内が死んだような気持ち」

『ティーンズロード』の売れ行きに陰りが見えてきたのは１９９５年頃だ。Ｆが不運だったのは、すでに流行が〝ヤンキー〟から、渋谷センター街のちょっと不良な〝コギャル〟に政権交代していたことだ。特攻服のヤンキーはにわかに天然記念物化してきたのだ。同年代から「今時ヤンキー、カッコ悪い」と一度烙印を押されると、もうストリートシーンの王者ではいられない。10代の少年少女たちにとって、同世代から「ダサい」と思われたらその流行は終焉に近づく。こうなると苦しい。外見のオシャレな不良と、ミニスカにルーズソックスをまとったポップなコギャルの時代に『ティーンズロード』を売っていくのは厳しいものがあった。

第6章でも触れたようにミリオン出版ではコギャルをコンセプトにした『ｅｇｇ』が創刊され、売れ行きでは完全に逆転された。こういう流れになると誰が編集長になっても雑誌を立て直すのは困難なのだ。ヤンキー雑誌として最後まで残った『チャンプロード』のように、原点に戻り、男中心の改造車路線に変えて小さい部数でしのぐという方向もあったかもしれないが、なまじレディースに特化した作りで神格化されていただけに、かえってそれがリニューアルの足枷になってきていた。

売れ行きが毎月下降し始めた頃、当然スタッフからは相談されたが、この時期自分はジャンクカルチャー雑誌の『ＧＯＮ！』が軌道に乗っていて、大げさではなくこれにほぼ全身全霊を懸けていた。通常のカルチャー誌の3冊分はある濃いボリュームを毎月編集していたので、どうしても軽いアドバイスぐらいしかできなかったし、冷淡なようだが、ヤンキーに対する自分の気持ちもどこか冷め切っていたのが本音だった。

こうした『ティーンズロード』の凋落《ちょうらく》を予感していた男がいた。第2章で触れたあの岩橋健一郎だった。

「自分は『チャンプロード』でレギュラー持っていたので、『ティーンズロード』は同じヤンキー雑誌でもライバルとは思っていませんでしたね。レディースに寄っていたじゃないですか、やっぱり男のヤンキーと違いレディースは一過性で流行に左右されるので、あ、流行に乗っちゃたなって思ってました」

当時からこう分析していたのは、さすがヤンキー界を生き抜いた岩橋健一郎だ。洞察力が鋭い。確かに男の暴走族は１９７０年代ほどの力はないが、やはり改造した単車や車で暴走する魅力は永遠に刺激的だ。ファッションが先行してしまったレディスはここが弱い。流行りすぎればやがて沈んでいくのも必然だったのだ。

こうして『ティーンズロード』は１９９８年の10月号で静かに幕を閉じた。創刊してから10年近く続いたことになる。部数も売り上げも、かなり落ち込み全盛期の半数以下になっていた。すでにこの当時ミリオン出版の役員になっていた自分は、売り上げや数字のことも考えなければならない立場になっていたので、平田社長と相談をして、廃刊を決断した。

ただ、今だから明かせるが本当の廃刊の理由は部数の下落だけではない。むしろ決定的だったのはスタッフが現場で取材とは全く関係ない不良に何回かいわれなき暴力を振るわれたことだった。

自分の時代には考えられないことだった。どんな地域に行っても『ティーンズロード』の看板は『水戸黄門』の葵《あおい》の御紋《ごもん》と同じだった。それが病院に行くほどの怪我を負わされた。当然スタッフから相談されたが、こちらとしてはどうすることもできなかった。警察沙汰にするのも媒体の特性上、難しかったし、仕返しに暴力を駆使するわけにもいかない。ましてやこの当時の編集長はFとはまた違う女性だった。こうしたトラブルを抱えながら編集させるのはあまりにも危険すぎた。

自分が関わっていた時代のヤンキーたちはどこかギリギリの線で歯止めが効く常識を持ち合わせていたような気がしたが、1995年当時のスタッフに聞くと、気質に変化が見られ、対立するチームに関係なく常に何かに苛立っている、より暴力的なヤンキーが増えてきたと報告された。常識では考えられないくらい暴力に歯止めがかからなくなってきては、もう彼らの背中を後押しする雑誌の役目は終わってしまったも同然だ。後にも先にも、立ち上げた雑誌が廃刊になってもあまり感傷的にならないが、『ティーンズロード』の幕引きを自分で決めた時は、さすがにこみ上げてくるものがあった。心のどこかで『ティーンズロード』に自分も寄りかかって生きていたことを痛感させられた。

Fの後、3代目の編集長に就いた倉科も廃刊は堪《こた》えたようで当時をこう振りかえっていた。

「自分たちが10年以上も育ててきた雑誌がこんなに簡単に終わるんだと、まるで身内が死んだような気持ちだったのを覚えています。と同時に、俺もああいうヒットを作りたいという意欲につながりましたね」

その後倉科は〝ホストのファッション誌〟というこれまた特異な雑誌『MEN's KNUCKLE（メ

ンズナックル）』（２００４年創刊　創刊時のタイトルはＧ－スタイル）の立ち上げを成功させ、その時の悔しさが活かされたことになる。

時は移り、記憶から次第に『ティーンズロード』が消えかかっていた時期にあの因縁のすえこと再会の機会が訪れた。

第9章 すえことの再会

わだかまりを抱いたまま再会する時が来た

編集長を降りて1年近く経ち、偶然目にした1994年の朝日新聞の記事を見てから、かなり長く重い気持ちが続いたが、『ティーンズロード』自体も1998年の秋には廃刊となり、違う雑誌の進行にも追われて次第にすえこのことが心の中から薄れてきていた。

とはいえ何かの折にふと思い出すこともあった。何らかの方法で連絡先を調べて直接連絡して頭を下げればモヤモヤも吹き飛ぶのだろうが、すえこの心情と向き合う勇気がなかったのだ。

そんなすえこと再会の機会が巡ってきたのは、第7章に登場した元「スティゴールド」のじゅんこがきっかけだった。取材で出会ってから10年以上は経過していたが、年に数回は食事を共にする付き合いが続いていたのだ。

「そういえばすえこちゃんどうしているかな？　いろいろあったんで気にはなっているんだよね」

この日に限って、心のどこかに引っかかってはいたがそれまで聞きたくても聞けなかったすえこのことが、自分でもびっくりするくらいスムーズに口から飛び出した。じゅんことの会話がいつになく盛り上がっていたので、ついはずみで口にしたのだ。

「あ、すえこちゃんならこの間電話かかってきたよ、今、松戸に住んでいるよ、今度会おうか？」

全く予期していなかった言葉をじゅんこは口にした。じゅんこは『ティーンズロードビデオ』のレポーターとしてすえこに何度か取材をしており、それが縁で連絡を取り合うようになっていたのだ。すえこに会える。しかも松戸なら東京からも近い。だが、いざ会うとなるとどこかにためらう自分がいた。どんな顔をして会えばいいのか。人生を狂わせた自分のことを許しているわけがない。そんなぐずぐずしている自分の背中を押すように、じゅんこはさっさと再会の日時を決めてしまった。

２００６年の初夏頃だったと思う。松戸の駅前でじゅんこと待っていた。この期に及んでもまだ、どうやって謝ろうかと言葉を探している自分がいた。

「あ、来た、すえこちゃんだ」

じゅんこが手を振った。こっちが拍子抜けするほど、すえこは笑顔で駆け寄ってきた。

「みんな元気？　久しぶりだね」

目の前にややふっくらしているが健康そのもののすえこがいた。あまりの〝普通の再会〟に本来の目的である謝罪のタイミングをすっかり失ってしまっていた。松戸の駅前の居酒屋で改めて再会を祝した。しばらくはお互いの近況を報告し、頃合いを見計らって朝日新聞の記事を読み「紫優嬢」の破門の真相を知ったこと、リンチを受け、少年院まで入ったこと、その多くが『ティーンズロード』が原因じゃないかと思っていて、それが今でも心に引っかかっていることを告げると、全く予想していなかった言葉が出てきた。

「いろいろあったけど、地元を離れて良かったんだよね、今の旦那とも出会えたし、今じゃさ、4人の子持ちのお母さんだよ」

またしても笑顔でこう返された。あれだけの苦難をプラスに転じるすえこの底知れない生命力に返す言葉も出てこなかった。そしてこの再会がまたすえこの半生に大きな転機をもたらすことになるのだから、すえことはよっぽど不思議な縁があるのだろう。「紫優嬢」を破門されてからのすえこの話があまりにも波瀾万丈で面白いので思わず「これって本にできるんじゃない？」と軽い気持ちで口にすると、とんとん拍子に書籍化の話で盛り上がった。ただ、それはまた新たな問題を生む恐れがあることが頭に浮かんできた。再びメディアに露出することで、今度は今の家族にも影響が出る可能性があるのではという懸念だ。

「すえこちゃんさ、本を出すとまたいろんな影響が出るんじゃないかな。そこがまた心配なんだよね」

「大丈夫、私の過去のことはみんな、旦那も子供も知っているし、自分の口で伝えることが大事なんだ。誰かから聞くより自分の言葉で伝えたかった。隠して生きるよりよっぽど楽になった」

すえこの言葉に後押しされたこともあり、社内でもすんなり企画が通り、すえこの書籍が決定した。原稿は苦労しながらもすえこ自身が執筆し、ミリオン出版の書籍編集者の女性のサポートもあり、２００８年に『紫の青春』のタイトルで発売され重版もかかるプチヒットとなり、のちに映像化もされ話題になった。

幸い懸念された家族への影響もなく、これがきっかけですえこはまた新たな道への大きな第一歩を歩き出す。『紫の青春』が他のメディアからも好意的に取り上げられ、自信につながったのだろう。新しい扉を自分から開き始める。子育てに奔走しながら少年院出院者の自助グループであるＮＰＯ法人「セカンドチャンス！」を仲間と設立し、非行で道を踏み外した少年少女の立ち直りの支援を始めた。当の本人が暴走行為と傷害事件で少年院を経験しているだけに、同じような境遇の少年少女にしてみればすえこの言葉には強い説得力がある。

全国の少年院から講演依頼が舞い込んできた。

「これまで少年院に入った過去なんて足を引っ張ることはあっても誰かの役に立てるなんて

思ってもみなかった。こんな私の経験が役に立つんだって。暴走族に入ってたことも、少年院に入ったこともそんな過去さえ活かせる人生にしたい、それが私らしい生き方なんじゃないかと思えたらスーッて気が楽になったの。自分の居場所を見つけたねって言われるけど、確かに居場所を探し当てたと言えるけど、人生を懸けているっていうのとは違う。この選択は人生の起点にはなっているけど、これに満足しているわけではないの」

すえこは2019年に少年院に入所した少女を追ったドキュメンタリー映画『記憶　少年院の少女たちの未来への軌跡』を自ら監督して公開にこぎつけた。映画化の話は公開の数年前から聞いてはいたが、さすがに映画は資金繰りなど完成までに多くの困難が待ち受けるので、途中で頓挫するのではと危惧していたが、これも持ち前の熱意で実現させてしまったのだからもう完全に脱帽ものだ。

「2015年から全国の女子少年院9ヶ所を全部回ったんですよ。女の子たちに話を聞いているうちに、この子たちは『加害者』になる前は『被害者』だったんじゃないかと気がついたの。親から虐待を受けたり、性被害者だったり。そういう悲しい体験をしたことが非行につながって負の連鎖にいる少女たちの現状がわかってきたんだよね。こうした現状を一人でも多くの人たちに知ってもらいたくて、映画という方法を選択したの。リアルを知ってもらいたい。社会を変えたい、という思いだね」

〝パート２〟として『記憶２（仮題）』というタイトルで今度は少年を中心に撮影を開始した。今度は「なぜ再犯を繰り返すか」というテーマだという。これもなかなか奥深いテーマだがすえこなりの見解があるようだ。

「少年院には犯罪を繰り返す懲りていない子も多くいるけど、彼らの中にはそう生きるしかなかった子もいるんですよ。彼らが起こした犯罪の話を聞くだけで、幼少期からどう生きていたのか、何か糸口が見つかりそうな気がするんだよね。ちょっと難航しているけど、必ず完成させたい」

すえこのことだから、様々な難関を乗り越えてでも完成させるだろうからこれも楽しみだ。ところで、すえこが少年院をテーマに持ってきた理由はどこにあるのだろう？

「訴えたいのは少年院ではなく、社会を変えたいってこと。少年院という場所を知ってもらいたいってのはある。少年院は教育を受ける場所だってこと。偏見、差別をなくしたい。少年院に入る子は極悪人ではなく普通の子であり、ボタンの掛け違いで道を進み間違えたってことなの。その子たちを教育するとこが少年院なんだよね」

すえこもレディース時代に少年院を経験しているが、今でもそこで学んだことが身についているという。

「『内省』っていう時間が少年院にはあるんですよ、自分と向き合うこと、自分を知る、自分を認めるなど。それは一日の反省の時もあれば、自分のやりたいことを整理する時でもあるの。これって今もやることがある。夜寝る前とか、電車でぼーっとしている時とか、その時の〝問い〟に向き合うの。誰でも迷うことはあると思うけど、実は何について迷っているか気づいていないと思うんだ。不安や心配が先に来てしまって心が落ち着かない状態。そんな時に自分に向き合うの。それを少年院で学んだんで、入った経験が良くなかったことはないよ」

少年院の辛い体験もプラスとして身につけていることが、いかにもすえこらしい。

大雨の中後輩たちからヤキを入れられる

今でこそすっかり落ち着いているが、ヤンキーの道を歩き出したのが13歳と早い方だ。それからまるでドラマのような体験をしてきたわけだが、道を踏み外した10代の不良少年少女に対する思いが変わらないのが不思議だ。当人に壮絶なヤンキー体験があるのに、引退してもなおこうした少年少女に寄り添っていく人生を歩んでいるのはどうしてなのだろう？

「放っておけないんですよ。東北地方の少年院で女の子たちと話していた時に一人の女の子が泣きながら『私、幸せになっていいんですか？』って質問してきたの。その姿を見てこれは二十数年前の自分だと思った。だから目の前の彼女に、絶望の淵にいたかつての自分が〝誰かに言われたかった言葉〟をかけてあげたいと思ったの。『もちろん幸せになっていいんだよ』って。少女たちを放っておけないのは、あの当時の自分を見ているからなんだよね」

　また、すえこはあの当時の自分たちと比べて、今の問題ある少年少女はどこか孤立しがちだと警鐘を鳴らしていた。

「私たちの時代のヤンキーはたとえ学校や家庭でうまくいってなくても暴走族やレディースという〝居場所〟があったんですよ。少年院で見た子たちはその居場所すらなくて、孤独で闇を抱えている子が多いの。そして犯罪の入り口にはきたない大人がいるんだよ」

　心に蓋をしている少年少女と向き合う生き方を選んだすえこは、様々な困難に一つ一つ向き合い、そのたびに自分自身で答えを導き出してきた生き方を、一人でも多くのハミ出した少年少女にも体験させてあげたいのだろう。それはすえこ自身が、今もあの当時の自分と対話をしていることでもあるのだろう。

　そしてどうしても聞いておかなければならない、30年前のあの問題について、すえこはどういう答えを口にするのだろう。破門された記事が出たことをどこで知り、そしてどういう思いでそのことを捉えたのか？

「自分が破門されたことを知ったのは少年院の中だったの。新しく少年院に収容された子から〝すえこの破門が雑誌に出ていたぞ〟って聞かされて。院内は外のことが一切遮断されているので、すごく気になって」

知ったのは少年院の中だった。すえこが初犯にもかかわらず少年院送りになったのも『ティーンズロード』が少なからず影響を及ぼしたようだ。

「私は『ティーンズロード』とかテレビにも出ていたから、社会的に影響が大きいってことだったの。それに抗争の相手が大きな怪我だったから。相手は被害届も出したし、そういうことを母親が一人で対応してくれたことを少年院の中で知って。治療費とかお金の工面も大変だっただろうなって、泣きましたね。その時は」

すえこは破門の真相を知りたくて母親に手紙でそのことに触れてみた。面会に来た母親の「出てきてもなるべくその子たちと関わらない方がいい」とそのひと言で、本当に自分が破門されたことは事実なのだと悟った。仮退院の時まですえこはそれが何かの間違いであることを祈った。しかし……。破門は現実のことであり、少年院を出たすえこに待っていたのは、かつての仲間からのリンチだった。

「紫優嬢」は破門だろうがチームを抜けるメンバーには、リンチの掟が待っているのだ。その掟自体もすえこが総長の代で決めたことだった。すえこは黙って指定された公園に向かった。これから起きる惨劇を示すかのように、空から大雨が降り注いできた。かつての仲間や後輩から抵抗のできない暴力を振るわれる。容赦ない拳と蹴りがすえこの全身を襲う。ひざまずき泣き崩れた。それは殴られた痛さではなく、かつての仲間と別れなければならない悲しさと苦しさの涙だった。這《は》うように公衆電話にたどり着き、母親に連絡した。駆けつけた母親は被害届を出すことを勧めたが、すえこは断った。ここまでされてもかつての仲間は裏切りたくはなかったのだろう。

真相の記憶はもう当事者ですら遠い過去へと消し去られている。大事なのは今をどう生きているかだ。リンチに加担した少女たちもチームの掟に従っただけで、それは「紫優嬢」のメンバーである以上は避けられなかったのも仕方がないことで、青臭い表現だがそれもレディースという生き方を選んだ宿命のようなものなのだ。そんなすえこの救いとなったのがこれだけ苦難が続いてもその陰で静かに見守っていた母親の存在だ。

「何があっても信じてくれた。私の子だからって。サイレンが鳴るたびにバイクで事故ってるんじゃないかって、むしろそっちを心配していたよ。だから私も自分の子供を信じてる。私の子だもん、って」

子を信じる母親の強い信念は受け継がれたようだ。この話も含めて今は当時を懐かしむように語るが、苦難の人生を歩かせてしまった『ティーンズロード』に、当時はどんな思いでいたのだろう。

「裏切られたと思ったよ、それまでは『すえこちゃんお願いだから』って散々取材に協力したのにさ。ただ、大人になって改めて破門の記事とか読むと、私のことを気遣ってくれてたこともわかったし。『ティーンズロード』はそんな嫌なことも良かったこともすべて私の青春と共にあったのかな。それに支援活動で地方に行くと〝『紫優嬢』のすえこさんでしょ〟って声をかけられることも多くて話がスムーズに行くこともあるんですよ。そういう意味でも今があるのは『ティーンズロード』のおかげだとも思ってるよ」

自分が30年近く悶々としていたあの出来事を、おおらかに受け流してくれる人間力の大きさ。それを静かに受け入れよう。

エピローグ

「だいぶコロナは落ち着いたけど、外にはスーパーやコンビニエンスの買い物以外はほとんど出んもんで。それより比嘉さん東京はまだ感染多いけど、大丈夫？『スケ連』のメンバーと会ってるかって？　昔の仲間でスナックやってるもんがおるんでコロナ前は会ってたけど、私お酒飲まないもんで。いくつかって？　もうみんな40代50代のおばさんだよ」

相変わらずの早口だが、声に張りがあり、思ったより元気そうだ。携帯の向こう側ののぶこさんの顔はイメージの中では三十数年前のあの眼光が鋭いままだ。ここ数年、年に数回は連絡だけはしている。健康を害していないか、なぜか気になっていた。昨年も連絡した時、コロナを結構警戒していた。お互いに若くはないからリスクを負ってまで無理して会う必要はないのだが、それでも三十数年振りに再会したい気持ちは常に持っている。自分の人生であれだけ強烈な印象を残した女性はそうはいない。そんなのぶこさんの現在の顔を見たいのも当然といえば当然だろう。

2023年2月某日、東京駅から連絡してもし会えそうな雰囲気だったらそのまま豊橋まで行って食事でも誘おうと思ったのだが、予想以上にコロナ感染を警戒していた。特に感染者の多い東京からの訪問者を歓迎はしないだろう。会えないのは残念だけれど、現地で確認したいことがあったので新幹線こだま号に乗って豊橋駅に向かった。といっても確認したかったのは他愛のないことで、初めてのぶこさんと「スケ連」に出会ったのが豊橋駅の東口か西口かということだった。それだけのことなのだが、どうしても確かめてみたかったのだ。

この原稿は三十数年前の回想が大きなポイントになっている。オンタイムで取材して原稿を書くものではないので、自分の記憶と何人かの証言と当時の『ティーンズロード』のバックナンバーをたどっていくしか方法はない。当然記憶のすれ違いはある。長い年月で脳が思い込んだ記憶をすり替えてしまうことはよくあることだ。のぶこさんと「スケ連」の記憶は本当に昨日のように覚えているが、最初に待ち合わせしたあの駅前の駐車場が今も現存しているのかが気になった。仮に駅前が開発されて駐車場がなくなっていても「スケ連」を撮影した埠頭は間違いなく残っているはずだ。そこも確認したかった。

勘を頼って降りた東口は近代的な駅に大きく変わっていた。駅の外に出ても三十数年前に打ち合わせした駐車場の痕跡はどこにもなかった。もちろん長い年月ですべてが変わったとしてもおかしくはないのだが、駅前の地図を見ても撮影した埠頭にはどう考えても東口からはストレートにはたどり着けない。あの時「スケ連」の車に先導され埠頭まで走ったのは駅前からスムーズに走り、わずか数分の距離だったのでどう考えても東口ではなかったのだろう。もう一度駅に戻り西口で降りてみた。西口は東口ほど開発はされておらず、当時の雰囲気が残っていた。降りると目の前に駐車場があった。コインパーキングになっていたのは印象と違うが、駅前の地図を見ると埠頭に向かう道が出ていた。間違いない。西口だ。埠頭まで歩いてみたかったが、寒さと去年手術した腰と、治療中の膝の痛みが辛くて、情けないが埠頭に行くのは諦めた。タクシーを使う手もあったのだが、歩きながら三十年前の光景を感じてみたかったのだ。代わりに駅前を歩いてみた。考えてみたら散策するのも初めてだった。あんなに何度もここに降り立ったのに。豊橋のことは何も知らなかった。

ひたすら「スケ連」を追いかけたので、そういう余裕もなかったのだ。思い立って豊橋まで来た理由のもう一つは少しはどんな街なのかを知りたかったからだ。

西口をぶらついていると昭和の面影を残す飲み屋街があり、なかなか良い雰囲気だった。

気がついたのはやたらと目につく「豊橋名物カレーうどん」の看板だった。今はやりのご当地グルメということだろう。そんなに昔から名物だとは思えなかったが、やはり地元の観光協会と各店舗が２００９年頃から売り出したようだ。帰りの新幹線に乗る前に駅ビルの中にあった「カレーうどん」の店に入る。もともとカレーは好きなので想像よりは美味かったけれど、これといった独自性は感じられなかった。その場でのぶこさんに電話した。

「のぶこさん、昔待ち合わせしたのは西口だよね？　え、違う東口？　そうですか？」

よく聞くとあまり記憶にはないらしいのと、もうそんなに豊橋駅は利用していないらしい。ただ、東口というのはのぶこさんの勘違いだとは思うけれど……。のぶこさんに「スケ連」の話を振ると、設立当初に散々暴走した多米峠《ためとうげ》の話を嬉しそうに話す。

豊橋は愛知県内でも昔から暴走族やヤンキーが多い地域だが、今はそういう雰囲気はあまり感じられない。ＹｏｕＴｕｂｅで今大人気の格闘家・朝倉兄弟は豊橋出身で、暴走族に属してかなり喧嘩自慢で鳴らしたらしい。豊橋の暴走族は散々取材したので、属したチームとはどこかで接点があるかもしれないが、朝倉兄弟は１９９０年代の生まれだから、『ティーンズロード』との直接の縁はない方が自然だ。ただ、彼らが10代の頃はここ豊橋もヤンキーがまだ活躍できていたのだろう。

「もう暴走族もレディースもいないよ、寂しいね。バイク乗ってるのはおばさんの原チャリだけだよ。カレーうどん？　あ、駅前にあるね、そういえば。私は食べたことないけどね。比嘉さんくれぐれもコロナ気をつけて、じゃ、元気で」

　あののぶこさんとお互いにコロナと健康を気遣う間柄になるとは三十数年前には想像すらできなかった。

　豊橋から戻ってきた後、原稿の確認でじゅんこちゃんに電話したら、こんなことを言われた。

「前からトー横キッズ（２０１８年頃から歌舞伎町の新宿東宝ビル近辺にたむろするようになった10代～20代前半の若者。ヤンキーや半グレとは明らかに違うが居場所を求めてたむろっている）たちとかも気になってるし、今こそ『ティーンズロード』みたいな、ああいう子たちの声を聞く雑誌があってもいいんじゃないのかな、比嘉さんどう思う？」

　返事は返せなかった。当たり障りのない会話をして携帯を切った。

　確かにそうかもしれない。いつの時代でもそういう道を逸れてしまった10代の心の叫びを聞くような、令和時代なりの『ティーンズロード』が存在してもいいだろう。ただ、悲しいかな自分にはもうそんなエネルギーが残っていない。小手先では作れるだろうが、あの時のようにあんなに真剣には向き合えない。生半可な気持ちでは彷徨っている10代の少年少女の世界には踏み込まない方がいい。

ただ、「トー横キッズ」と言っていたじゅんこちゃんの言葉が妙に心に引っかかったので、２０２３年3月に入った最初の週末、歌舞伎町を久しぶりにふらっと歩いてみた。自分は一昨年の殺人事件（２０２１年11月、40代の男性が暴行死した事件）で初めて「トー横キッズ」の存在を知った。歌舞伎町一番街を歩いて改めて気がついたのは、歩いている年齢層が若年化していることだ。酔っ払ったサラリーマンや年配の姿が見えない。随分様変わりしてしまったものだ。「トー横キッズ」もそうだが、最近やたらとニュース番組で取り上げられる新宿・大久保公園の「交縁《こうえん》」と呼ばれる「立ちんぼ」は未成年も珍しくないようだ。日中に行ったのでそれらしき少女の姿は見えなかったが、しばらく来ていないうちに大久保公園もずいぶん変わっていた。バスケットのコートで３×３で汗を流していたのは日本の少年たちで、フットサルのコートでサッカーを楽しんでいたのはどうやらアジア系の若者だった。

「交縁」少女たちについては直接取材をしているわけでもないので語る資格はないが、確かにこの周辺も昔と違い妙に若い層が目立ち、中年以上はあまり歩いていないのが気になった。新宿コマ劇場がなくなり、新宿東宝ビルが建ち、強大なゴジラのオブジェが姿を見せ、テナントも若い層が好きそうなグルメ店が多くなり、年配層には行きづらい街になってしまったのだろう。現に自分もコマ劇場が消えてからどこか行くのをためらうようになった。歳を重ねると、若い連中が多い街には行きたくなくなるのだ。逆のことを言えばそれだけ若年層がたむろしやすい街になってしまったのだろう。

渋谷や恵比寿もそうだが、この国は若者に迎合する街づくりを目指し、年配層を置き去りにしてしまう傾向がある。もちろん、高齢者でもこういう新しい変化についていく対応力のある層もいるだろうが、自分はついていけない、というか、ついていく気もしない。気がつくと「トー横キッズ」らしき少年少女たちだろうか、新宿東宝ビルの前の広場に地べたに座って酒を飲んでいる数人の男女がいた。ビジュアル系のバンドのようなスタイルが目立つ。

気になったのは少女たちの何人かが旅行で使うキャリーバッグを引きずっていたことだ。後にじゅんこちゃんに確認したら、どこでもすぐに泊まれるように着替えなどの生活用品一式が入っているらしい。ここに何やら危険な匂いを感じなくはないが……。しばらく眺めていると中には酔っ払って寝込んでいる少年もいたが、全体的に少女が目立っているような気がした。だが妙にみんな静かなのだ。確かにヤンキー系とは全然違う。集団からは暴力的な匂いは感じられないが、先入観なのだろうか、何か別の危なさを感じなくはなかった。『ティーンズロード』を作っていた頃なら間違いなく声をかけることができたが、この集団には一歩踏み込めなかった。会話が成り立たない空気も感じたし、何より自分にはもう声をかける勇気がなかった。見ただけで自分の中では「完結してしまった」という逃げ道を選んだ。

この世代のこういう子たちを理解してあげようという強い信念と好奇心がないと入り込めない。これはもう自分が関わる世界ではないということを痛感した。そのままぶらぶら歌舞伎町を歩いていると、あの時を思い出した。１９９１年の夏頃、10代の流行を追いかけているライターから渋谷のセンター街がエキセントリックでかなり危険な状況になっていると聞いたので、センター街に二人で行ってみた。扱い慣れたヤンキーとは一線を画し、暴走族とも抗争を繰り返すという噂のネオバイオレンス集団を取材するため、久しぶりに行く前から緊張している自分がいた。

実はそんなセンター街の情報は薄々は知っていたが『ティーンズロード』はあえて渋谷を外していた。どちらかというと地方向けに発信していたし、同じ東京でも下町や多摩地区を主に取材していた。その大きな理由はヤンキー雑誌は北関東、東海や地方での売り上げがよかったのでそこを重視していたからだ。別に無理やり渋谷を扱わなくても売れ行きに問題はないという判断だった。とはいえ個人的には興味があった。もしかしたら次世代のヤンキースタイルを感じとれるかもしれないし、今後の誌面作りに役だつこともあるだろう。そんな期待も込めてセンター街に足を踏み入れた。

結論から言うと見るも無残な結果に終わった。センター街にたむろっているどう見ても危なそうなチーマー（１９８０年代後半ぐらいに渋谷で都内の進学高に通う遊び慣れた少年たちがチームを作ったのが始まりだったが、のちに喧嘩を売りにする元暴走族で固められた武闘派のチームに主導権を奪われる。アメカジファッションとセンスのいいスタイルが斬新だった）風の少年たちに声をかけた。見慣れていないということもあるのだろうが、普段取材している地方の暴走族より危険な匂いが漂っていた。ロン毛にアメカジファッション、タンクトップから筋骨隆々の太い腕にタトゥーが覗く。その中から派手なアロハに短パンの短髪の男が喧嘩腰で向かってきた。

「ティーンズロード？　ダセェんだよあの雑誌、絶対載せんなよな、あんな田舎もんのヤンキーと一緒にすんなよ」

不良から取材を拒否されたのは初めてだった。『ティーンズロード』の一言でどんな地方でも大歓迎された。その〝葵の御紋〟は地元組織の若い衆まで通じた。それがセンター街では無力だった。今までに感じたことがない完全アウェーな状態で危機感を感じたので退散しようと思った矢先だった。集団の中からいかにも喧嘩の強そうなガタイの良い少年が近づいてきた。つまみ出されるのかと緊張感がみなぎる。

「ティーンズさんさ、俺たちの中にも出たいやつもいるけど、先輩の掟があってさ。雑誌は出ないんだよ。それと俺たちはヤンキーじゃないんだよ。不良なんだよね。この違いわかる？」

今振り返ると、なかなか鋭い問いかけだった。彼の言わんとしているニュアンスは何となくは理解ができた。ヤンキーは暴走族の伝統と縛りに固執しているいわば化石のような存在だ。一方で不良はそういう様式美ではなく生き様にこだわる。そんな風に違うのだと彼は言いたかったのだろう。ただ、そこも含めて『ティーンズロード』は、イマイチ垢抜けなく不器用なヤンキーの背中を押してあげたかったのだ。

なぜなのかは自分でもうまく説明できないが、どこかシンパシーを持っていたのだ。思えばあの時自分も少年少女たちと同化していた。ある暴走族の取材で目的地まで彼らの族車に先導され、一緒に〝共同危険行為〟で暴走した。そういう境界線ギリギリまで踏み込む無謀な勇気と覚悟はもうどこにもない。ただ、そんな暴走族やレディースの息遣いが聞こえてこないこの国は年々元気がなくなっている気がする。

昔は暴走族の季節だった夏になっても、今は爆音はめったに聞こえて来ない。正月の中央道でも族車は見かけない。たまにニュースでパトカーを煽り数台の原チャリで暴走する映像が流れるが、そもそもその程度がニュースになること自体がおかしい。１９７０年代～１９９０年代は日本全国でもっと大きな台数で暴走族が走り回っていた。あの程度ではニュースにもなっていない。何事にも大げさに騒ぎすぎていないか？　原チャリで暴走したぐらい、大したことじゃないだろう。もちろん個人的な見解ではあるけれど、むしろそんな騒動もない静まりかえった時代の方が薄気味悪い。

10代の頃は訳もなく何かに反抗したくなる。憧れるのは大抵が地元の不良の先輩で、暴走族はその象徴みたいなものだ。彼ら彼女たちのいいところは外に向かって発散するエネルギーに満ちていたことだ。喧嘩したり泣いたり叫んだり、とにかく妙に騒々しく明るい。だから雑誌もポジティブだった。他人をやたら批判し、揚げ足をとるページはない。世間では悪いこともここでは許容範囲になる。そのうちに勝手に自然と正しい道を歩き出す。『ティーンズロード』はその背中を少しだけ押してやったのだ。

『ティーンズロード』が今あってもいいんじゃない、というじゅんこちゃんの言葉を今一度考えてみた。確かに必要とされるかもしれないし、商業的にも成り立つかもしれない。ネットやSNSとはまた違う持ち味も出せるだろう。ただ、それはもう自分の出る幕ではない。ますえこちゃんやじゅんこちゃんの活動が、今の時代の『ティーンズロード』の役目を十分に果たしている。そう思った。

豊橋同様にもう一ヶ所訪ねたい場所があった。東松山の駅だ。2023年のWBCで初の日系人選手として侍ジャパンに選ばれ大活躍し一躍日本中の人気者になった、ラーズ・ヌートバー外野手（セントルイス・カージナルス）の母がこの東松山出身だった。連日テレビのワイドショーに東松山と母親の久美子さんが取り上げられ、よっぽどのB級グルメ通にしか知られていなかった名物の焼き鳥（東松山では豚の串焼きのこと）までもが全国区に躍り出たのだ。その画面を見るたびに何か甘酸っぱい懐かしい気持ちになった。

そんなにわかファンが増えた東松山を訪れたくなったのは、すえこちゃんと食事した時、よく待ち合わせで使った駅前の赤い鳥居が撤去されたと聞いたからだ。もうだいぶ前に撤去されたようだが、どうしてもこの目で確かめたくなった。赤い鳥居をバックに紫優嬢のメンバーが日本一有名なカメラマン篠山紀信に撮影された場所でもある。その写真は『ティーンズロード』ではなく大手の週刊誌『ＳＰＡ！』に載ったが、それくらい１９９０年当時、「紫優嬢」は日本を象徴するレディースだった。

２０２３年3月の平日、昨日は春のような陽気だったのに一転して冬の寒さに戻ってしまったが、それでも快晴だったのでふらっと散策するにはそれほど悪い日でもない。

暖房の効いた東武東上線の急行に乗れば、池袋から小一時間ほどで着いてしまうほど都心から近い。訪れるのは約三十年振りだったので、相当様変わりはしているだろう。その予想は大当たりだった。案の定、どこか違う駅に着いたのではと思うほど、近代的でお洒落な駅前になり、もうどこにもあの当時の面影はなかった。よく打ち合わせで使った「ケンタッキーフライドチキン」もなく、やはりあの赤い大きな鳥居も跡形もなくなっていた。駅前の焼き鳥屋の店主に聞いてみたが、数年前に取り壊され、代わりに歩道橋を建てたということだった。言われてみれば目の前にその歩道橋があった。三十数年という年月は当たり前だが、確実に思い出を消してしまう。

すっかり様変わりした東口を降りた斜め前に「ファッションセンターしまむら」があり、その入り口近くにごく普通に見える女子高生が数名スマホを手に賑やかにはしゃいでいた。なんとなく声をかけやすそうな雰囲気だったのと、マスクをしているぶん照れがないので少し大胆な人格になれたのだろう。気軽に声がかけられた。

「すみません、昔ここに紫優嬢っていう女の暴走族がいたの、知っていますか？」

いきなり見知らぬおじさんに声をかけられたので、女子高生たちは一瞬身構えたが、質問の内容に興味があったのかそれぞれが答えてくれた。

「え、知らない、女の暴走族なんて想像つかない、でもカラーギャングなら知ってるよ、小さい頃、祭りで見たから」

「なんか、お母さんに聞いたことがある、昔女だけの暴走族がいて、怖かったって、この辺じゃ喧嘩が一番強かったって」

「カラーギャングは有名だけど、暴走族は古いよ。でもなんか聞いたことある、ただヤンキーっぽいのもういないよね、昔はいっぱいいたって聞いたことあるけど、今は漫画やゲームの世界でしょ、ヤンキーは」

どう見ても怪しいおっさんにしか見えなかっただろうけど、ナンパや援交の誘いじゃないとわかったのかよく喋ってくれた。令和の女子高生も不良ネタは意外に好きなようだ。現実の世界は暴走族もレディースも絶滅動物の域に突入しているのに、漫画やドラマの世界では暴走族ものが流行っているらしい。大流行している『東京卍リベンジャーズ』（２０１７年『週刊少年マガジン』で連載開始。和久井健作。暴走族を描いている人気漫画）は少しかじってみたけど、もう自分の琴線には全く反応しなかった。もっともこんなおっさんが面白がらなくてもいいのだろうけど。

のんきに東松山をぶらついてから数日後、久しぶりにすえこちゃんと食事をした。なんと今度は高校教師になっていたのだ。ある私立高校で職員として働いていたのは知っていたが、まさか教壇に立っていたとは。それも倫理と政治経済を教えているというから二度ビックリだ。倫理は教えるには一番難しい科目のような気がするが、自分が授業前に予習したことが生徒に伝わりやすいので、教えていて倫理が一番やりがいがあるとか。ちょっとやんちゃな生徒には自身が元ヤンというのをカミングアウトしておとなしくさせているというからそこもさすがだ。

「中学ですらろくすっぽ行かなかった私が教師だからさ、人生面白いよね。私はまだまだだからさ、高い学力をつけさせてあげる授業はできないけど、でも信じられる大人にはなれると思っている。保護者に対しては自分の子育ての経験をフルに活用してるよ」

10代の頃、少しハミ出ただけで学校に来るなと言われていたわけだから、教師にはあまり良い印象を持っていなかったのではないだろうか？

「授業は受けなかったけど、給食だけは食べに行ってたんだよ。先生がさ、すえこが来るからって給食とっておいてくれたんだよね、今考えたら良い先生だよね。学校ってやっぱり居場所だと思うの。自分はここにいてもいいんだって安心できる場所。そういう場所を目指している」

些細なことだが一つでも自分の居場所を認めてもらえたことはすえこちゃんにとっては大切な思い出だっただろう。こういう経験は教壇に立っても活かせそうな気がするが、理想とする教師像はあるのだろうか？

「教師って人の人生に影響を与えられる仕事だと思っている。だから自分をもっと高めたいんだ。今の現状に甘えず、向上心を持ちたい。４月から21人の生徒を持つ担任にもなったんだ。この間久しぶりに地元の昔の仲間と新年会やってさ、教師やってるって言ったらみんなから『お前は応援のしがいがある』って励まされた。それも嬉しかったね」

年に数回食事をする機会があるが、会うたびに新しい扉を開き、チャレンジするそのエネルギーにはこっちも刺激を受ける。すえこちゃんと会った後はいつも身が引き締まる思いがする。最近の自分はすっかり停滞してしまっているんじゃないのかって、叱咤激励されるのだ。

「これまでの人生、すべてが自分の生き方につながってる。最低な出来事も最高な出来事も私には必要だったんだよ。私、自分が好きだからさ」

そう微笑むその素顔は33年前に初めて会ったあの素朴そうな13歳の時の笑顔だった。

あとがき

「面白いとこもあるんですけど、このままではうちでは出版できないですね、もっとノンフィション的に人物描写を書いていただかないと……」

あれ、小学館は自分の原稿に興味があるから今日時間をとってくれたんじゃないのかな、それにこれ回想記でノンフィクションとは少し毛色が違うんだけど……。

もともとこの原稿は三十数年前にレディースという特異な世界を編集した『ティーンズロード』という雑誌の回想記だった。とある事情で他社からの出版化が棚上げになり、知り合いのいる版元数社に当たったがおしなべて同じ返答だった。

「うーん部分的には面白いんですが、少女の暴走族がね、どうしてもうちのカラーには合わないので今回は……」

その行く末が危うくなっていたところに、フリーライターの鈴木智彦氏に相談したところ、小学館を紹介してくれた。担当者に原稿をメールで送ったが、小学館こそカラーに合わないんじゃないかとほとんど期待していなかったら、

「比嘉さん、小学館が原稿面白いって興味を持っていますよ、一度先方と会いましょうよ」

打ち合わせで指定された飯田橋のシティホテルのカフェに鈴木智彦氏と出向いた。

なのに目の前の小学館の『週刊ポスト』編集部の酒井裕玄氏は鉄仮面のような冷たい顔で冒頭のセリフを投げつけてきた。

「書き直していただけたら、小学館のノンフィクション大賞があるので、それに応募しませんか？」

全く予想外のセリフをまた投げかけてきた。自分も編集者として40年以上飯を食っているので、当然小学館のノンフィクション大賞は熟知している。自分が書いた原稿はとてもそんな賞に値する力量があるわけでも、世の中に何かの警鐘を鳴らすようなノンフィクション的な意義深いものでもない。どちらかというと漫画の原作の方がふさわしいようなエンターテイメントの世界なのだ。

返事をするまでに数秒の時間が流れ、その間様々なことが走馬灯のように脳内を巡ったが

即答した。ここで拒否したらこの原稿の行き場は完全に失われてしまう。

「あ、書き直してみます、登場人物が浮き彫りになるようなもっとノンフィクション風にします」

「応募は8月の末です。期待しています」

今日は7月15日、後1ヶ月ちょっとしかない。やると言ったはいいが、現実には厳しいかもしれない、一瞬迷って発言を撤回しようかとも思ったが、鉄仮面の表情が気持ち柔らかくなったのを見逃さなかった。その表情を見て、なぜか自分より二まわり近くは歳が下であろう、酒井氏の期待に応えなければと身が引き締まる思いがした。歳を重ねてくると、あまり忠告やアドバイスをしてくれなくなるので若い人からの指摘は悪い気がしなかった。むしろ感謝の気持ちの方が大きかった。

酒井氏の指摘は実は重々わかってはいた。仮にノンフィクションとして読ませるならその方がいいということは。ただ、回想記として書き上げた流れというものがある。そこをノンフィクション的に修正するのはある意味、一から書き上げるより手間暇がかかったが、抱えている雑誌の校了が迫る中、66歳の前期高齢者の自分にまだこんな集中力が潜んでいたんだと自画自賛するほど、冒頭の部分から書き直した。

もちろん原稿の肝は『ティーンズロード』に関わった自分の回想であることは変えてはい

ないが、人物想定はすぐに浮かんではきていた。すえこちゃんを主軸にすることだ。度々登場するが、自分とは不思議な縁を感じていた。幸い30年の時を経てもすえこちゃんとは途中いろいろあったが交流は続いていた。すえこちゃんを核にし、併せてじゅんこちゃん、のぶこさん、かおりさんの物語をクロスさせて書くことにした。この3人もずっと交流が続いていた。奇しくも『ティーンズロード』で大人気を誇った元レディースたちだ。これはノンフィクションの素材としては申し分はない。

幸い皆原稿に協力的だった。ここをうまく描ければただの懐かしい回想記とは様相が違ってくる。ただ、そこからがまた難関だった。長文を書くのは素人だけにその力不足が露呈したが、なんとか応募の締め切りには間に合い最終選考に残ることができた。その後直接の担当になってくれた『女性セブン』編集の露崎瑞樹さん、橘髙真也さんから再三の修正を求められた。ようやく少しは形になったところで、ノンフィクション大賞という予想もしていなかった賞を受賞できた。

これもひとえにきっかけを作ってくれた鈴木智彦氏、酒井裕玄氏、担当になってくれた露崎瑞樹さんは常に読者の立場に立った意見で、加筆修正の指摘をしていただき、自分もそういう見方もあるんだと、改めて気づかされたことが多く新鮮に感じた。また、橘髙真也さん、デザイナーの城井文平氏、そして『ティーンズロード』の原稿を書くことを承諾してくれた大洋図書の小出英二会長、そして何よりすえこちゃん、じゅんこちゃん、のぶこさん、かおりさん、コメントをしてくれた多くの方々、感謝してもし切れない。

振り返ると何を一番書きたかったのだろう。もちろんレディースという一般の人々がほとんど縁のない特異な世界に関わった面白さもある。表面的にはレディースや暴走族を扱った暴力的な雑誌と捉えられているだろうけど、誌面に登場した多くの彼女、彼らにしてみれば、そういう単純なことでもない。その関係性は活字の〝マブダチ〟と言っても過言ではない。もちろんすえこちゃんの波乱に満ちた半生や、のぶこさんのドラマみたいな生き方を描きたかった、それもある。どれも伝えたかったことだが、全編を通してみるとそこかしこに表現しているのが、10代のハミ出た少年少女に居場所がある大切さ。そして暴走族やレディース、ヤンキーたちの声が消えてしまいそうなこの世の中。それは活力がなくなった今の日本の息苦しさに通じる。そこを描きたかった。

よく愛読した作家の故宮崎学氏が生前テレビで「ヤクザもいる明るい世の中」とコメントしていたが、自分は名言だと思う。それにインスパイアされて自分の雑誌に「暴走族が走っていた楽しい世の中」とよくキャッチコピーに使った。どちらも世間から見ればハミ出し者。ただ、そういう毒や害が存在する方が健全だと自分は思う。国が目指すクリーンな世の中なんてやがて弊害が生まれ結局管理社会になるだけだ。ましてや10代なんてハミ出てナンボだ。やり直すチャンスなんていくらでもある。原稿を振り返りつつ、結局そこが一番書きたかったことに気がついた。何より自分も人生大半がハミ出てきたわけだから。

そしてこの本を2023年3月26日難病と闘い10歳でなくなった愛犬のムギタ（チワワメス）に捧げる。

もちろん犬が本を読めるわけがない。イヌバカの戯言にすぎないが、こういうことを書くと愛犬家の作家、伊集院静氏の犬を題材にしたコラムについついなってしまう。

「おいおいちゃんと原稿書いているのか、しっかり書けよ」

机で悪戦苦闘してふと振り返るとお気に入りのベッドの中で、そんな顔をしているように見え、ホンノちょっと背中を押されて、何とかできあがったのがこの一冊なのだ。

2023年6月12日

比嘉　健二

参考文献

『新宿カミナリ族』（第三書館　１９８０年刊）
『シャコタン・ブギ』（角川文庫　１９８２年刊）
『日本不良映画年代記』（洋泉社　２０１６年刊）

プロローグ～第９章までは敬称略、文中の『ティーンズロード』抜粋部分はすべて原文のままです。

比嘉健二（ひが・けんじ）

1956年、東京都足立区出身。1982年にミリオン出版に入社。『SMスピリッツ』などの編集を経て、『ティーンズロード』『GON!』などを立ち上げる。現在は編集プロダクション『V1パブリッシング』代表。本作で第29回小学館ノンフィクション大賞受賞。

編集　露崎瑞樹

特攻服少女と1825日

二〇二三年七月十八日　初版第一刷発行
二〇二四年一月二十七日　第二刷発行

著　者　比嘉健二
発行者　川島雅史
発行所　株式会社小学館
〒一〇一-八〇〇一　東京都千代田区一ツ橋二-三-一
編集　〇三-三二三〇-五五八五　販売　〇三-五二八一-三五五五
DTP　株式会社昭和ブライト
印刷所　萩原印刷株式会社
製本所　株式会社若林製本工場

ISBN 978-4-09-389122-6